SCHÜßLER-SALZE
DAS KOCHBUCH

Hans Wagner

SCHÜßLER-SALZE
DAS KOCHBUCH
Typgerecht ernähren, in Balance leben

südwest

Inhalt

Vorwort

Was ist das Geheimnis gesunder Ernährung? Es liegt in der Erkenntnis, dass es die eine gesunde allgemein verbindliche Ernährung nicht gibt – so wenig wie den Einheitsmenschen. Keiner von uns is(s)t wie der andere.

Stellen wir uns vor, zwei Menschen gehen zur Ernährungsberatung. Bei einem handelt es sich um eine zierliche Bürokraft, die vor allem am Computer arbeitet, und beim anderen um einen hünenhaften Hochleistungssportler, der täglich trainiert und über gewaltige Muskelpakete verfügt. Beide werden irgendwann den unvermeidlichen Ratschlag vernehmen: Ernähren Sie sich gesund und ausgewogen. Was könnten die zierliche Schreibkraft und der kraftstrotzende Athlet mit einem solchen Rat anfangen? Wäre für sie beide damit alles klar?

Plädoyer für typgerechte Selbstverwirklichung auf dem Teller

Nein, keineswegs! Der Einheitsratschlag, sich »ausgewogen« zu ernähren, ist eine nutzlose Leerformel. In anderen Lebensbereichen wird viel mehr Sorgfalt darauf verwendet, seinem Typ entsprechend zu handeln: »Welcher Anlagetyp sind Sie? Welcher Urlaubstyp?« Auch in der Karriere, in der Mode oder Kosmetik wird klar nach Typen unterschieden.

 Info

Typ und Typ gesellt sich gern: Alle Rezepte in diesem Buch sind für die fünf Ernährungstypen der TCM und die zwölf Schüßlerschen Konstitutionstypen zusammengestellt.

Und so etwas Elementares wie Ernährung soll für alle gleich sein? Ausgewogen irgendwie?

Da fehlt entschieden etwas: Die Ernährung muss ausgewogen sein für den speziellen Typ. Sie wird bei der zierlichen Vielsitzerin anders aussehen müssen als beim hochaktiven Sportler – und bei einem 19-jährigen Model anders als bei einer stämmigen Mama.

Eine geniale Verbindung

In der Traditionellen Chinesischen Medizin (TCM) kennt man die Unterscheidung nach fünf Ernährungstypen. Daraus entstand die 5-Elemente-Ernährung. Die Gesundheit des jeweiligen Typs ist dabei von der optimalen Lebensmittelauswahl abhängig.

Der deutsche Arzt Wilhelm Heinrich Schüßler hat ebenfalls eine Typeinteilung vorgenommen. Sie ist nach den zwölf Mineralsalzen seiner Biochemie (siehe Seite 10) benannt. Demnach gibt es zwölf Konstitutionstypen, unterschiedlich in Aussehen, Eigenschaften und Bedürfnissen. Ihre Gesundheit ist durch die Versorgung mit Schüßler-Salzen geprägt.

Schüßler-Salze und 5-Elemente-Ernährung gehen in diesem Buch eine Verbindung ein. Erstmals wurde sie in meinem Buch »Typgerecht abnehmen mit Schüßler-Salzen. Einzigartig kombiniert mit der chinesischen 5-Elemente-Ernährung« vorgestellt. Inzwischen empfiehlt sie eine wachsende Zahl von Ärzten, Heilpraktikern und Ernährungsberatern. Der Münchner Immunologe und Arzt für Naturheilverfahren Dr. med. Peter Schleicher: »Die Ernährungslehre der TCM mit der biochemischen Konstitutionslehre Schüßlers zu kombinieren, ist genial!«

Hans Wagner

Basics – Schüßler-Salze & typgerechte Ernährung

Warum ernähren wir uns eigentlich nicht automatisch unserem Typ entsprechend, sondern müssen diesen erst mühsam entdecken? Die Antwort ist: Weil Menschen im Alltagsleben kaum jemals die Chance haben, ihren Typ auszuleben. Auch nicht auf dem Teller.

Die Gewohnheiten der im Elternhaus angebotenen Ernährung haben uns tief geprägt. Dabei kam es, wie sich die meisten erinnern werden, häufig nicht darauf an, was uns geschmeckt hätte. Sondern gegessen wurde einfach, was auf den Tisch kam und auf dem Teller lag.

Im späteren Leben ist bei vielen Menschen der Speisezettel ebenfalls nicht davon bestimmt, was dem Typ vielleicht entspräche. Es sind im Gegenteil die Sonderangebote aus dem Supermarkt, das schnelle Essen in der Kantine und das Fast Food an der Ecke, das die Ernährung dominiert.

1. Schritt – den Schüßler-Typ ermitteln

Machen wir uns also auf die Suche nach unserem Typ. Wir entdecken ihn dem Arzt Dr. med. Wilhelm Heinrich Schüßler zufolge in unserer biochemischen Zusammensetzung. Unser Urtyp ist in den Mineralsalzen des Körpers angelegt.

Schüßler, der 1821 in Bad Zwischenahn bei Oldenburg geborene Mediziner und Forscher, war durch zwei wissenschaftliche Kollegen auf die Spur des geheimnisvollen Systems der zwölf Salze gebracht worden. Einer war der bekannte Zellularpathologe Dr. Rudolf Virchow (1821–1902), der den Lehrsatz formuliert hatte: »Die Krankheit des Körpers ist gleich der Krankheit der Zelle.«

Der andere war der holländische Wissenschaftler Jakob Moleschott. Er hatte erkannt, dass der Mensch nur dann gesund bleibt, wenn er die für seine Zellen erforderlichen Mineralstoffe stets in der richtigen Menge und im richtigen Verhältnis aufnimmt. Der Kernsatz seiner bahnbrechenden Erkenntnis lautete: »Die Krankheit der Zelle entsteht durch Verlust an anorganischen Salzen.«

Die Entdeckung der Schüßler-Salze

Schüßler selbst wertete jahrelang in umfangreichen Studien Blutuntersuchungen aus. Schließlich untersuchte er sogar die Asche von Leichen, die in Krematorien verbrannt worden waren. So kam er darauf, dass im menschlichen Organismus (Gewebe, Blut, Knochen und Organe) immer zwölf bestimmte mineralische Verbindungen vorhanden sind, egal, wessen Blut oder Asche untersucht wurde. Daraus schloss er, dass diese zwölf Mineralverbindungen für den menschlichen Organismus lebensnotwendig (essenziell) seien, dass ihr Mangel Krankheiten

Info Optimal kombiniert: In den Typbögen sind die lebensnotwendigen Schüßler-Salze und die idealen Nahrungsmittel für jeden Typ übersichtlich aufgeführt.

verursachen, ihre Zuführung diese Krankheiten aber auch heilen könne. Daraus entwickelte er seine Salztherapie, die bis heute gültig ist.

In welcher Form werden Schüßler-Salze angeboten?

Die übliche Darreichungsform sind Tabletten. Gebräuchlich sind verschraubbare Glasfläschchen mit je 80 Tabletten. Auf dem Etikett tragen sie die Aufschrift »Biochemische Funktionsmittel« und die Nummer des jeweiligen Salzes von eins bis zwölf. Die Mineralsalze bestehen mit Ausnahme von Silicea (Kieselerde) jeweils aus einem sauren und einem basischen Element.

In den Bezeichnungen gibt der erste Begriff immer das basische Element an, der zweite das saure. Beispiel: Magnesium (basisch) phosphoricum (sauer). Verträg-

lichkeit und hohe Wirksamkeit der Schüßler-Salze beruhen auf dieser Ausgewogenheit. Denn würde man dem Körper in größeren Dosen reine Mineralsalze in unverdünnter Form zuführen, müsste man auf Dauer mit schädlichen und auch krank machenden Ablagerungen rechnen.

Schüßler-Salze und Konstitution

Schüßler erkannte, dass Menschen sich in puncto gesundheitlicher Konstitution anhand dieser Lebenssalze in zwölf Typen einteilen lassen. Der eine hat wenig belastbare Gelenke und ein schwaches Bindegewebe, der andere ist anfällig für Nieren-, Blasen- oder Leberprobleme und hat eine sensible Verdauung. Dazu kommen psychische Eigenschaften wie Furcht oder Entschlossenheit, die einen Typ prägen.

Schüßler auf einen Blick

Schüßlers wichtigste Lehrsätze

Dr. med. Wilhelm Heinrich Schüßler veröffentlichte seine Erkenntnisse über die Biochemie vor rund 140 Jahren in seiner Schrift »Eine abgekürzte Therapie«. Damit erregte er beträchtliches Aufsehen. Schüßler ist 1898 gestorben. In den über 100 Jahren, die seither vergangen sind, hat sich seine Heilmethode stets behauptet. Die Lehrsätze, die er für sein biochemisches System hinterlassen hat, wurden inzwischen zeitgemäß und griffig weiterentwickelt. Sie lauten:

1. Alle Krankheiten entstehen durch einen Mangel an ganz bestimmten essenziellen (lebensnotwendigen) Mineralstoffen.

2. Durch die Zuführung der fehlenden Stoffe wird der

Mangel im Mineralhaushalt der Zellen ausgeglichen – dadurch tritt Heilung ein.

3. Die Zuführung der Mineralstoffe darf nur in geringen Dosen erfolgen.

4. Die Mittel müssen so weit verdünnt werden, dass der Übertritt der Mineralstoffe durch die Schleimhäute der Mundhöhle, des Schlunds und der Speiseröhre direkt ins Blut erfolgen kann und die Mittel gar nicht in Magen und Darm gelangen.

Wie kam Schüßler auf die Verdünnungen?

Großen Eindruck hatte auf Schüßler schon immer die Therapie des Arztes Christian Friedrich Samuel Hahne-

Diese Eigenschaften sind an vielen Merkmalen abzulesen, die uns sogar ins Gesicht geschrieben stehen. Und diese Eigenschaften sind auch jeweils einem der zwölf Lebenssalze zuzuschreiben, von denen wir besonders geprägt sind.

Konstitutionstyp und Gesundheit

Die Konstitutionen lassen sich mithilfe einer »Antlitzdiagnose« beschreiben. Dadurch werden vor allem Krankheitsbilder erkannt. Neben der Gesichtsform werden die Farbe der Gesichtshaut, Grübchen, Falten, Muttermale, Unreinheiten, Zungenbelag usw. diagnostiziert. Solche Merkmale können bereits Aufschluss über organische Störungen geben – oder auch über die seelische Verfassung.

Herauszufinden, welcher Typ man ist, erfordert eine intensive Beschäftigung mit dem eigenen Aussehen, der eigenen Konstitution und Gesundheit. Sie sollte mit dem ehrlichen Blick in den Spiegel beginnen. Gibt es Besonderheiten, die einen von anderen Menschen unterscheiden? Was sagt der Partner? Entstanden im Lauf des Lebens dauerhafte Merkmale im Gesicht?

Häufig wird es so sein, dass bestimmte Merkmale stark überwiegen, aber dennoch auch Eigenschaften anderer Typen erkennbar sind. Sie persönlich werden sich letztendlich dort einordnen, wo Sie sich am »typischsten« fühlen.

Zwölf Salze – zwölf Typen

Wenn ein Mineralstoffmangel im Organismus auftritt, gibt der Körper über die Haut sichtbare Signale ab. Ihre Farbe und Struktur verändern sich. Wird der Mangel durch die Einnahme von Schüßler-Salzen

---

mann gemacht, der zwei Jahrzehnte vor ihm nach Paris gegangen war und dort eine große Praxis betrieben hatte. Die Methode Hahnemanns bezeichnete man seit 1807 als Homöopathie. Ihre Grundlage ist die »Ähnlichkeitsregel«: »Ähnliches wird durch Ähnliches geheilt.« Demnach kann man eine Substanz, die eine Krankheit auslöst, erfolgreich zur Heilung einer ähnlichen Krankheit einsetzen, wenn man diese Substanz in möglichst kleinen Dosierungen verabreicht. Dazu wird sie stark verdünnt oder – in der Sprache der Homöopathen ausgedrückt – »potenziert«. Die Substanz setzt dann einen »Heilreiz«.

Was sind biochemische Potenzen?

Auch die Schüßler-Salze werden verdünnt, damit sie in der Lage sind, in kleinen Mengen durch die Zellwände zu gelangen (diffundieren). Zur Verdünnung werden hauptsächlich Milchzucker, dazu etwas Maisstärke und Magnesiumsteerat (Hilfsmittel zum Auflösen) verwendet. Die Verdünnungsstufen reichen bei Schüßler von 1:1 000 000 (Million; D6) bis zu der schier unvorstellbaren Stufe von 1:1 000 000 000 000 (Billion; D12). Ein Teil des Stoffes wird bei der Potenz D6 in einer Million Teilen des Verdünnungsstoffes gelöst, bei der D12-Potenz in einer Billion (D steht für Dezimalpotenz).

Am gebräuchlichsten ist die Potenz D6. Sie hat sich so sehr bewährt, dass sie auch heute noch von Pharmazeuten, Ärzten und Heilpraktikern als die Regelpotenz anerkannt ist.

Eine Ausnahme bilden lediglich die auch von Schüßler bereits anders potenzierten Mittel Calcium fluoratum, Ferrum phosphoricum und Silicea. Sie werden als D12-Potenzen angewendet.

behoben, gehen auch diese Anzeichen schließlich zurück. Damit ist ein Therapieerfolg bereits äußerlich abzulesen.

Der Typbogen als Hilfe

Um herauszufinden, welcher Konstitutionstyp Sie sind, wurden für dieses Buch Typbögen entwickelt. Sie enthalten die Merkmale, mit denen Sie Ihren Typ ermitteln können. Näheres zur Vorgehensweise finden Sie auf den jeweiligen Seiten. Schüßler hat die Konstitutionen gemäß den zwölf von ihm entdeckten Mineralsalzen eingeteilt – siehe Kasten unten.

2. Schritt – die 5-Elemente-Ernährung verstehen

Als ich 1981 zum ersten Mal China bereiste, traf ich dort so gut wie keine dicken Menschen. Eine der wenigen Ausnahmen war der 62-jährige Chefkoch Shen Win-you, der damals in Peking gerade eines der ersten privaten Restaurants eröffnet hatte: das »Jia Luo«. Übersetzen lässt sich der Name etwa mit »Gaststätte zur Fröhlichkeit«. Es lag versteckt im östlichen Stadtbezirk der chinesischen Hauptstadt, in der schmalen Trockenmehlgasse. Shens Spezialität waren internationale Gerichte. Das erste Fast Food, Ketchup, fette Pommes und sämige Saucen – seine Angebote waren billiger als die chinesischen Menüs mit ihren sorgfältig ausgewählten Gemüsen. Und sie machten dick. Inzwischen berichten Chinas Medien von 60 Millionen übergewichtigen Chinesen – Anstieg in den letzten Jahren: 20 Prozent.

Jahrtausendealte Erfahrungen

Die Ursache steht auf dem Speisezettel – immer mehr Chinesen essen, was Köche wie Shen Win-you zubereiten: Fast Food statt Reis und Chinakohl. Wohlstandschinesen vergessen ihre heimische Küche, ernähren sich nicht mehr typgerecht und den jahreszeitlichen Bedingungen gemäß.

Dabei haben die Chinesen in der daoistischen 5-Elemente-Ernährung durch Jahrtausende eine überlegene, typorientierte Kost entwickelt. Sie war es, die u. a. das Bild vom schlanken Chinesen bis vor wenigen Jahren prägte.

Die energetischen Bedürfnisse

Bei der 5-Elemente-Ernährung handelt es sich um eine jahreszeitlich geprägte Küche, die Rücksicht nimmt auf die unterschiedlichen Bedürfnisse des Organismus, je nach Klima, Aktivität und energetischen Bedürfnissen. Grob gesagt heißt das: kühlende, kalorienreduzierte Kost im Frühling und Sommer, wärmende und nahrhaftere Kost im Herbst

Typisch Schüßler

1. Typ	Calcium fluoratum
2. Typ	Calcium phosphoricum
3. Typ	Ferrum phosphoricum
4. Typ	Kalium chloratum
5. Typ	Kalium phosphoricum
6. Typ	Kalium sulfuricum
7. Typ	Magnesium phosphoricum
8. Typ	Natrium chloratum
9. Typ	Natrium phosphoricum
10. Typ	Natrium sulfuricum
11. Typ	Silicea
12. Typ	Calcium sulfuricum

und Winter. Das steht im Gegensatz zur globalisierten Ernährung, die jahrein, jahraus den gleichen Energiestandard aufweist.

Der harmonische Ausgleich auf dem Teller

In der 5-Elemente-Ernährung der Traditionellen Chinesischen Medizin (TCM) wird nach thermischen Eigenschaften der Nahrungsmittel unterschieden. Z. B.: Kichererbsen sind für den Organismus eher kühlend, Lammfleisch wirkt heiß. Grüne Bohnen sind neutral, Currygewürz ist heiß. Ein Gericht aus diesen vier Zutaten wirkt letztlich thermisch weitgehend neutral, ihre Eigenschaften gleichen sich gegenseitig aus.

In ihrer thermischen Wirkung ausgeglichen zu sein, ist ein Prinzip der 5-Elemente-Ernährung. In den heißen Sommermonaten geht die Tendenz dann eher zu den kühlenden und kalten Speisen, wie Tomaten, Gurken und Obst. Im Winter freuen wir uns stattdessen auf wärmende Gerichte mit Fleisch und herzhaften bis scharfen Gewürzen.

Lebensmittel mit neutraler Wirkung

Solche Lebensmittel sind das ganze Jahr über willkommen. Zu den neutralen Lebensmitteln zählen dicke Bohnen, Butter, Dinkel, Feigen, Hühnereier, Karotten, Linsen, Mais und Sonnenblumenkerne. Die Nahrungsmittel sollten immer so gewählt werden, dass alle Geschmacksrichtungen vertreten sind und dass nicht einseitige energetische Wirkungen erzeugt werden. Wenn süß und sauer, bitter, scharf und salzig angemessen vertreten sind, dann sind die Speisen nicht nur gut verdaulich und dienen einem optimalen Stoffwechsel. Sondern es entstehen auch meist keine der gefürchteten Gelüste auf Desserts,

Info Das macht es Ihnen leicht: Bei jedem Rezept in diesem Buch sind dessen thermische Eigenschaften angegeben.

auf Süßes nach einem sowieso schon üppigen Mahl. Wenn das der Fall ist, war ziemlich sicher keine ausgewogene Mahlzeit auf dem Teller.

Die Typen der 5-Elemente-Ernährung

Die typgerechte Auswahl der Nahrungsmittel nach der 5-Elemente-Ernährung der TCM lässt das tägliche Essen zur Gesundheitsfürsorge werden. Nach diesem Prinzip sind bestimmte Lebensmittel für einen Teil der Menschen besser geeignet als für andere. Und umgekehrt sind je nach Typ bestimmte Lebensmittel für manche Menschen nicht oder nur wenig geeignet, können krank machen und auch zu Übergewicht führen. Alles Wissenswerte dazu finden Sie auf den jeweiligen Typbögen ab Seite 18.

Holz, Feuer, Erde, Metall, Wasser

Die typgerechte Auswahl richtet sich danach, ob man dem Holz-, Feuer-, Erde-, Metall- oder Wasserelement angehört. Die Geschmacksrichtungen werden entsprechend beschrieben: Holz ist sauer, Feuer bitter, Erde süß, Metall scharf und Wasser salzig.

In der Traditionellen Chinesischen Medizin wird von den fünf »Wandlungsphasen« gesprochen, getreu der zyklischen Betrachtungsweise des Universums in diesem System. Die zyklische Reihenfolge prägt bestimmte Charakterzüge und prädestiniert für bestimmte Nahrungsmittel. Holz steht für Frühling, Feuer für Sommer, Metall für Herbst und Wasser für Winter.

Die Chinesen haben den uns bekannten vier Jahreszeiten eine fünfte hinzugefügt. Ihr entspricht das Erdelement. Innerhalb der fünf Wandlungsphasen nimmt es eine Sonderstellung ein. Im Zyklus des Kosmos steht die Erde in der Mitte. Das Erdelement entspricht dem Spätsommer.

Das energetische Potenzial der Nahrung

Bei der 5-Elemente-Ernährung stehen nicht nur Nährstoffe oder »Kalorien« im Mittelpunkt, sondern das energetische Potenzial einer Speise oder eines

Die 5-Elemente-Ernährung wusste schon immer: Gekocht ist gesünder und bekömmlicher. Inzwischen haben dies auch wissenschaftliche Studien im Westen bewiesen.

Lebensmittels. Es ist gekennzeichnet durch seine thermischen Eigenschaften heiß, warm, neutral, kühl und kalt.

Nach der Erfahrung der TCM hilft dieses thermische Potenzial, neue Kraft zu gewinnen und einen Energiemangel auszugleichen. Jedes Nahrungsmittel wird einem Element zugeordnet, das den einzelnen Himmelsrichtungen und den Jahreszeiten zugewiesen ist und unserem Konstitutionstyp entspricht.

Gekochtes statt Rohkost

Die globalisierte Ernährung hat uns die Salat- und Rohkostwelle beschert – mittlerweile ebenso standardisiert wie die Erzeugnisse der Fast-Food-Ketten – und nimmt keinerlei Rücksicht auf Jahreszeiten und thermische Bedürfnisse. Außerdem sind unse-

re Mägen und Verdauungswege dafür nicht geeignet. Seit der Mensch das Feuer entdeckt hat, hat er wohl kaum mehr Grünes und Rohes gegessen als im 21. Jahrhundert – von Salatbüfett bis Sushi. Und dabei immer mehr Gewicht angesetzt, während er glaubte, das Gegenteil zu bewirken.

Rohkost ist nur schwer verdaulich

Rohkost hat mehr Vitamine, Rohkost hat viele Ballaststoffe, Rohkost ist einfach gesund. Diese Meinung herrscht seit Jahren unter gesundheitsbewussten Menschen vor. Dabei wird oft völlig übersehen, dass Rohkost sehr schwer verdaulich ist. Zum Teil wird sie deshalb auch nur unvollständig verwertet und unverdaut wieder ausgeschieden. Diese Erkenntnis ist seit eh und je in der chinesischen Ernährungslehre fest verankert.

Der Stoffwechsel wird belastet

Rohkost belastet den Stoffwechsel, hat man in der TCM erkannt, indem sie ihn spürbar verlangsamt. Bei langsamem Stoffwechsel – und das ist die Tragik – machen jedoch auch schon kleinere Mengen auf dem Teller dick. Bei Rohkostdiäten oder einer Überbetonung von Rohkost auf dem Speiseplan werden

Tipp **Es gibt keinen Grund, im Winter saure Zitronen aus fernen Ländern zu verzehren in der Annahme, damit den Vitaminhaushalt zu verbessern. Möhrengemüse in heißer Brühe mit ein paar gebratenen Zwiebelscheiben und Petersilie (auch ein leckeres Frühstück) oder eine pikante Lauchsuppe schützen besser vor Erkältung. Sie steigern unsere Abwehr und erwärmen unseren Organismus.**

die Verdauungsorgane stark beansprucht. Rohkost beginnt oft im Darm zu gären, bildet Säuren und Gase. Deshalb sind – besonders am Abend – nach chinesischer Ernährungslehre nur kleine Mengen Rohkost zu empfehlen. Und schon gar nicht sollte man sie zusammen mit einem Milchprodukt wie Käse oder Quark zu sich nehmen, wenn man Pfunde verlieren oder keine neuen ansetzen möchte.

Die Mitte stärken

Gerade durch kalte und rohe Lebensmittel belastet man Körper und Verdauung. Sie schwächen nach Auffassung der TCM unsere Mitte, belasten die Organe Milz und Magen im Übermaß, die für die Verdauung als besonders wichtig angesehen werden. Die Umwandlung (Transformation) von Speisen und Getränken geschieht durch die geschwächte Verdauung nur unvollständig. Im Körper sammeln sich Feuchtigkeit und Ablagerungen an, die u. a. auch für Übergewicht verantwortlich sind.

Warmes ist viel wertvoller

Die TCM betrachtet Ernährung als Medizin. Und sie hat durch ihre sehr lange Erfahrung etwas herausgefunden, was früher auch in unseren Breiten zum Standardwissen über eine gesunde Ernährung gehörte: Warme, gekochte Gerichte sind am bekömmlichsten. Das gilt auch für das Frühstück: Leichte Suppen sind besser als eiskalter Orangensaft aus dem Kühlschrank. Getreidecongee (z. B. Reisbrei mit Wasser gekocht) ist der Gesundheit zuträglicher als Joghurt mit Südfrüchten. Eintöpfe und Getreideaufläufe mit Gemüse sind nicht nur lecker, sondern auch ausgesprochen gesund.

Und wo bleiben beim Kochen die Vitamine und andere wertvolle Inhaltsstoffe? An der italienischen

Info **Yin und Yang sind komplementär, bedingen einander. Das Ende ist so wichtig wie der Anfang, weil das eine ohne das andere nicht existieren kann.**

Universität Parma wurde dazu vor einiger Zeit eine Untersuchung abgeschlossen. Daraus geht hervor, dass der Mensch gut daran getan hat, das Feuer zu entdecken, es zu hüten und darauf zu kochen – und dass die chinesische Küche dies richtig erkannt hat. Die Studie zeigt, dass die wertvollen Inhaltsstoffe von Gemüse beim Erhitzen weit weniger leiden als bisher angenommen. Es ist sogar so, dass die »oxidative Gesamtleistung« zunimmt – also das, was nach dem Kochen an Vitaminen und sekundären Pflanzenstoffen (Polyphenole, Karotinoide) zur Verfügung steht. Sie stieg in gegarten Möhren, Zucchini und im Brokkoli messbar an.

Auch Vitamine fühlen sich wohl beim Kochen

Das bedeutet: Die Stoffe, die möglicherweise das Krebsrisiko reduzieren, waren sogar in größerer Menge vorhanden als in geraspelter Rohkost. Entgegen der weitverbreiteten Vorstellung werden die Vitamine beim Kochen offensichtlich nicht automatisch vernichtet. Den Vitaminen D, E, B1 und B2 macht eine hohe Temperatur überhaupt nichts aus.

Yin, Yang und Qi

Grundlagen der chinesischen 5-Elemente-Ernährung sind die bekannten philosophisch-biologischen Größen des Yin, des Yang und des Qi (sprich Tschi). Yin und Yang stellen die polare Welt dar, mit ihren Gegensätzen von hell und dunkel, von männlich und weiblich, von gesund und krank. Yin und Yang bedingen einander. Yang bedeutet Aktivität, steht in der Gesundheit für Lebenskraft, Wärme und Dynamik. Yin ist das Sinnbild für Ruhe und Festigkeit.

Die Zelle ist das Yin, ihre Kraft das Yang

Auf den menschlichen Organismus angewandt ist die Zelle das Yin. Ihre Funktion, die Aktivität, die daraus kommt, ist das Yang. Das eine ist ohne das andere nicht denkbar. Auch in der chinesischen Elementelehre spielt – wie bei Schüßler – die Zelle eine entscheidende Rolle. Das Wunderwerk der Milliarden menschlichen Yin-Zellen würde ohne die aktive Kraft des Yang nicht funktionieren.

Qi – die durch alles strömende Lebensenergie

Die dritte Kraft in dieser vereinfacht dargestellten Biophilosophie ist das Qi. Es verkörpert die durch alles hindurchströmende Lebensenergie, ohne die sich kein gesunder Organismus entfalten könnte. Jede Störung im Körper führt zu einer Beeinträchtigung dieser Lebensenergie. Und jede Beeinträchtigung der Lebensenergie zu einer Störung im Körper, die wir dann als Krankheit bezeichnen.

Es gibt laut TCM ein angeborenes Qi. Es bestimmt unsere Konstitution. Das ist einer der auffallenden Berührungspunkte der chinesischen Biophilosophie mit der Biochemie von Schüßler. Außerdem erzeugt unser Lebensstil ebenfalls Qi – wenn wir ungesund leben, wird die Lebensenergie gestört. Das gilt natürlich besonders in Bezug auf unsere Ernährung.

Das Qi, das aus der Nahrung kommt, die Energie, die wir durch sie aufnehmen, hat ganz verschiedene Wirkungen auf Kraft und Leistungsfähigkeit, auf Verdauung und Wärmehaushalt.

Diese Tatsachen haben in der 5-Elemente-Ernährung einen enorm hohen Stellenwert, während sie in westlichen Ernährungsweisen und besonders in einseitigen Ernährungsmoden sträflich vernachlässigt werden.

3. Schritt – Schüßler plus 5-Elemente-Ernährung

Yin, Yang und Qi stärken mit Schüßler

Mit einer Ernährung, die sowohl die Schüßlerschen Konstitutionstypen berücksichtigt als auch die Ernährungstypen der 5-Elemente-Ernährung nach der TCM, werden Yin, Yang und Qi gestärkt, der Körper ist aktiver, weil sein Stoffwechsel in idealer Ergänzung typgerecht angekurbelt wird. U. a. werden dadurch Fettzellen in Energie umgewandelt – und dies führt auch zum Abbau von möglichem Übergewicht.

Jeder Mensch besitzt eine individuelle Konstellation der fünf Elemente Holz, Feuer, Erde, Metall und Wasser. Sie beeinflussen seine Persönlichkeit, sein Essverhalten und seinen Geschmack. Aber obwohl sie alle immer vorhanden sind, dominiert bei jedem Einzelnen ein bestimmtes Element. Dieses zu ermitteln, ist eine ganz wesentliche Voraussetzung für gesunde Ernährung.

Mit dem Typbogen zur gesunden Ernährung

Die mineralischen Lebenssalze Schüßlers optimieren den Stoffwechsel seiner zwölf Konstitutionstypen, die er im System der Biochemie erkannt hat. Die typgerechte Auswahl der Nahrungsmittel nach der 5-Elemente-Ernährung der Traditionellen

Chinesischen Medizin lässt Essen zur umfassenden Gesundheitsfürsorge werden.

Mit den speziell für dieses Buch entwickelten Typbögen ab Seite 18 finden Sie genau das, was zu Ihnen passt. Sie brauchen nicht chinesisch oder exotisch zu essen, um gesund zu bleiben. Die 5-Elemente-Ernährung ist auch keine vegetarische Küche. Sie setzt vielmehr auf Ernährung aus der Region und auf Rezepte, die den Jahreszeiten entsprechend ausgewählt sind.

Die Mineralstoffe der Schüßler-Salze in Tablettenform ergänzen ideal die Rezepte nach der chinesischen 5-Elemente-Ernährung. In diesem Buch finden Sie für jeden Typ die passende Grundversorgung an Schüßler-Salzen und solche, die zum Abnehmen geeignet sind.

Typbestimmung

nach Schüßler

Der Ernährungstyp des Holzelements

Die Schüßlerschen Konstitutionstypen Nr. 1, Calcium fluoratum, Nr. 6, Kalium sulfuricum, und Nr. 10, Natrium sulfuricum, kommen mit ihren Eigenschaften dem Ernährungstyp Holz am nächsten. Deshalb werden sie dem Holzelement zugeordnet. Hier finden die Körpermeridiane der Traditionellen Chinesischen Medizin Berücksichtigung. Sie werden zum jeweiligen Salz, zum jeweiligen Schüßler-Typ und zu seinen psychischen Eigenschaften in Beziehung gesetzt.

Wie finde ich meinen Konstitutionstyp?

Lesen Sie sich die folgenden Zeilen über Körpermerkmale und Charaktereigenschaften aufmerksam durch. Welche der Merkmale treffen an einem normalen Tag auf Sie am ehesten zu? Was sagt Ihr Partner?
Wenn Sie einem dieser Konstitutionstypen in Eigenschaften und Aussehen entsprechen oder nahekommen, gehören Sie in Ihrer Prägung zum Holztyp. Die Lebensmittel auf Seite 20f. und die Rezepte ab Seite 42 und 58 sind dann für Sie am besten geeignet.

Gehöre ich zum Schüßler-Typ Nr. 1, Calcium fluoratum?

Er ist oft schon an seiner schlaffen Gesichtshaut zu erkennen. Unter den Augen und manchmal auch an den Oberlidern bilden sich kleine Längs- und Querfalten (Würfelfältchen). Diese Hautregionen sind meist rötlich-blau verfärbt. Es kommt häufiger zu Gewebeerschlaffung, vor allem in der Bauchregion (schlaffe Bauchdecke) und zu einer Schwäche der Bänder und Sehnen. Die Haut wird leicht schrundig, die Hände sind oft rau und rissig und die Fingernägel brüchig. Das Persönlichkeitsbild ist nicht selten von Existenzangst geprägt.
Viele Menschen dieses Typs sind entscheidungsschwach und fürchten sich davor, finanziell nicht mehr über die Runden zu kommen.

Das sind meine Mineralsalze

Um Ihren Mineralstoffhaushalt auszugleichen, sollten etwa 6 Monate lang 2- bis 3-mal täglich je 3 Tabletten Calcium fluoratum D12 eingenommen werden.

Wenn ich abnehmen will

Für den Typ, auf den die genannten Merkmale zutreffen, empfiehlt sich zusätzlich zur sorgfältig ausgewählten und zusammengesetzten Ernährung und zum Calcium-fluoratum-Ausgleich die Einnahme folgender Schüßler-Salze, ebenfalls täglich über einen Zeitraum von etwa 6 Monaten: vor dem Frühstück 5 Tabletten vom Salz Nr. 10, Natrium sulfuricum D6; vor dem Mittagessen 5 Tabletten vom Salz Nr. 5, Kalium phosphoricum D6; vor dem Abendessen 5 Tabletten vom Salz Nr. 9, Natrium phosphoricum D6.

Gehöre ich zum Schüßler-Typ Nr. 6, Kalium sulfuricum?

Charakteristisch sind Pigmentflecken, oft ein bräunlich-gelblicher (ockerfarbener) Schatten um die Augen. Es treten vermehrt Altersflecken auf. Menschen dieses Typs werden häufig von einem Reizdarm geplagt, auch von Pilzbefall des Darms und von Fuß- und Nagelpilz. Es kommt auch oft zu einem unangenehmen Völlegefühl im Oberbauch, zu Müdigkeit am Morgen. Viele fürchten, nicht mehr geliebt zu werden. Das bessert sich erst, wenn der Kalium-sulfuricum-Haushalt ausgeglichen wird.

Das sind meine Mineralsalze

Um den Mineralstoffhaushalt auszugleichen, sollten etwa 2 bis 3 Monate lang 4-mal täglich 4 Tabletten Kalium sulfuricum D6 eingenommen werden.

Wenn ich abnehmen will

Zusätzlich zur typgerechten Ernährung und zum Kalium-sulfuricum-Ausgleich sollten am Abend 6 Tabletten Natrium sulfuricum D6 in 1 Glas heißem Wasser aufgelöst eingenommen werden.

Gehöre ich zum Schüßler-Typ Nr. 10, Natrium sulfuricum?

Dieser Typ wird wegen einer öfter auftretenden auffallend violettroten Verfärbung im Gesicht nicht selten des Alkoholmissbrauchs verdächtigt. Tatsächlich ist bei diesem Konstitutionstyp die Leber

Holz ist das Symbol für aufsteigende Energie wie in einem Baum im Frühling. Die Farbe des Holzelements ist Grün, der Geschmack ist das Saure.

meist überfordert, ohne dass Alkohol im Spiel ist. Angeschwollene Augen und schwere Tränensäcke, Ödeme und unkontrollierte Harnabgänge wegen der mangelnden Ausscheidungsfähigkeit kommen bei diesem Typ häufig vor. Er zeigt wenig Bereitschaft zu Veränderungen, ist oft reizbar, aber auch gleichgültig und niedergeschlagen.

Das sind meine Mineralsalze

Eine ausgleichende Kur mit Natrium sulfuricum D6 sollte mindestens 4, besser 8 Wochen lang durchgeführt werden – dabei täglich jeweils mindestens 30 Minuten vor den 3 Hauptmahlzeiten 4 Tabletten des Salzes einnehmen.

Wenn ich abnehmen will

Zusätzlich zur typgerechten Ernährung und zum Natrium-sulfuricum-Ausgleich wird folgende Einnahme empfohlen: vor den 3 Hauptmahlzeiten jeweils 4 Tabletten Natrium sulfuricum D6. Außerdem die Salze Nr. 6, Kalium sulfuricum D6, und Nr. 9, Natrium phosphoricum D6. Von diesen am Morgen je 2 Tabletten vor dem Frühstück langsam im Mund zergehen lassen.

Lebensmittel für den Holztyp

Wenn die Beschreibung einer dieser drei Schüßler-Konstitutionstypen auf Sie zutrifft, gehören Sie zum Holztyp der chinesischen 5-Elemente-Ernährung. Die folgenden Lebensmittel passen am besten zu Ihnen und sind in den Rezepten dieses Buches für Sie ausgewählt:

Gemüse und Salate Bambussprossen, Blattsalate, grüne Bohnen, Gurken, Hopfensprossen, Kürbis, Lauch, Mangold, Portulak, Rhabarber, Rucola, Sauerkraut, Spinat, Staudensellerie, Tomaten
Getreide Dinkel, Grünkern, Weizen, Weizenkleie
Fleisch und Fisch Huhn, Kalbsleber, Kaninchen, Lammleber, Langusten, Rinderleber, Schweineleber
Hülsenfrüchte, Nüsse und Samen Haselnüsse, Hülsenfrüchtesprossen, Sesam

Die rote Frucht des Granatapfels ist beim Holztyp sehr beliebt. Die vielen Kerne sind essbar. Granatäpfel enthalten mehr gesundheitsfördernde Polyphenole als Rotwein.

Obst Ananas, Äpfel (sauer), Brombeeren, Granatäpfel, Hagebutten, Heidelbeeren, Himbeeren, Johannisbeeren, Kiwis, Pampelmusen, Pflaumen, Preiselbeeren, Sauerkirschen, Stachelbeeren, Zitronen

Kräuter und Würzmittel Aceto balsamico, Borretsch, Brennnessel, Dill, Estragon, Hefe, Kerbel, Melisse, Petersilie, Sauerampfer, Weinessig

Milchprodukte Dickmilch, Joghurt, Kefir, Quark, Sauerrahm

Getränke Brottrunk, Hagebuttentee, Malventee, Sauerkirschsaft, Sekt, Weißwein (trocken)

Das Holzelement und seine Eigenschaften

Holz ist das Symbol für aufsteigende Energie wie in einem Baum im Frühling. Diese Eigenschaften sind nach der chinesischen Ernährungslehre der fünf Elemente im menschlichen Organismus dem Funktionskreis der Leber und der Gallenblase zugeordnet. Die Farbe des Holzelements ist Grün, der Geschmack ist das Saure. Der Holztyp hat vor allem dann eine Vorliebe für Saures, wenn ein Ungleichgewicht seines Elements im Organismus besteht. Dies versucht der Körper auszugleichen. Im Einkaufskorb dürften sich vor allem Sauerkonserven und saure Nahrungsmittel gehäuft finden.

Der gesunde Holztyp ist voller Energie

Vergleicht man die fünf Elemente der chinesischen Ernährungslehre mit den Jahreszeiten, so entspricht das Holzelement dem Frühling: jung, dynamisch, aufbrausend.

Der Holztyp ist häufig athletisch gebaut und mit einem kräftigen System von Knochen, Sehnen und Muskeln ausgestattet. So jedenfalls sieht das Erscheinungsbild des gesunden Typs aus. Allerdings sollte er die Leistungsfähigkeit seiner Leber und Gallenblase beachten, vor allem in Zeiten großer Anstrengungen. Er überfordert sich leicht und vergisst die nötige Entspannung sowie ausreichende Ruhepausen. Dann kann es – vor allem beim Typ Calcium fluoratum – auch leicht ganz allmählich zu einer Überlastung und Schwächung der Bänder und Sehnen kommen, mit schlimmen Folgen für die körperliche Fitness und die Beweglichkeit.

Zu viel oder zu wenig Holzenergie

Ist zu viel Holzenergie vorhanden, wird der Ernährungstyp Holz leicht reizbar, zornig und aggressiv. Ein Zuwenig an Holzenergie äußert sich wie ein Zuwenig an bestimmten Mineralsalzen (siehe die Beschreibung der untergeordneten Schüßler-Typen): Es kommt zu Entscheidungsschwäche, nicht selten auch zu Frustration, Lustlosigkeit und Niedergeschlagenheit, Existenzangst und Furcht vor Veränderungen.

Die richtigen Lebensmittel sorgen für Ausgleich

Der gesunde Holztyp ist meist auch ein sehr guter Stratege. Typische Betätigungsfelder bei Menschen, die zum Holzelement gehören, sind Selbstständige und Freiberufler aller Sparten, Unternehmer und Profisportler.

Liegen Störungen im Erscheinungsbild und in der Konstitution des Holzelements vor, können die geeigneten Lebensmittel auf dem Speisezettel, wie sie in den Rezepten dieses Buches ab Seite 42 und 58 verwendet werden, in Verbindung mit den entsprechenden Schüßler-Salzen den nötigen Energieausgleich bringen.

Der Ernährungstyp des Feuerelements

Die Schüßlerschen Konstitutionstypen Nr. 4, Kalium chloratum, und Nr. 5, Kalium phosphoricum, kommen mit ihren Eigenschaften und gesundheitlichen Problemen dem Ernährungstyp Feuer am nächsten. Deshalb werden sie dem Feuerelement zugeordnet. Hierbei finden die Körpermeridiane der TCM Berücksichtigung. Sie werden zum jeweiligen Salz, zum entsprechenden Schüßler-Typ und zu seinen psychischen Eigenschaften in Beziehung gesetzt.

Wie finde ich meinen Konstitutionstyp?

Lesen Sie sich die folgenden Zeilen über Körpermerkmale und Charaktereigenschaften aufmerksam durch. Welche der Merkmale treffen an einem normalen Tag auf Sie am ehesten zu? Was sagt Ihr Partner?

Wenn Sie einem dieser Konstitutionstypen in Eigenschaften und Aussehen entsprechen oder nahekommen, gehören Sie in Ihrer Prägung zum Feuertyp. Die Lebensmittel auf Seite 24 und die Rezepte ab Seite 70 und 84 sind dann für Sie am besten geeignet.

Gehöre ich zum Schüßler-Typ Nr. 4, Kalium chloratum?

Menschen dieses Typs haben häufig kleine Grießkörnchen unter den Augen. Dazu sind die Oberlider milchig weiß. Sie werden beschrieben wie mit Deckweiß gemischtes Rot. Beim Sprechen bilden sich weiße Fäden in den Mundwinkeln. Die Zunge ist oft weißgrau belegt.

Menschen dieses Typs können sich gut in andere Menschen hineinfühlen und üben deshalb oft beratende Funktionen aus. Andererseits fühlen sie sich auch als Opfer – z. B. von Eltern, die sie nie verstanden hätten, des Chefs, der sie benachteiligt. Vor Krankheiten haben sie nicht selten eine geradezu panische Furcht.

Das sind meine Mineralsalze

Vom Mineralsalz Kalium chloratum D6 sollten zum Ausgleich von erkennbaren Mangelsituationen mindestens 4 Monate lang vor jeder Mahlzeit 4 Stück in 1 kleinen Glas mit heißem Wasser aufgelöst und langsam schluckweise getrunken werden.

Wenn ich abnehmen will

Geht es nicht nur um den gesundheitlich notwendigen Ausgleich des betreffenden Schüßler-Salzes, sondern auch um eine Gewichtsabnahme zur Verbesserung des Aussehens und des allgemeinen Wohlbefindens, empfiehlt sich zusätzlich zur typgerechten Ernährung und zum Kalium-chloratum-Ausgleich die Einnahme folgender Schüßler-Salze: täglich vor dem Frühstück 5 Tabletten vom Salz Nr. 10, Natrium sulfuricum D6, vor dem Mittagessen 5 Tabletten vom Salz Nr. 9, Natrium phosphoricum D6.

Gehöre ich zum Schüßler-Typ Nr. 5, Kalium phosphoricum?

Bei starkem Mangel ist der Teint grau, fast schmutzig. Eingefallene Schläfen sind charakteristisch, außerdem ein Grauton um den Mund, senffarbener Zungenbelag und übler Mundgeruch. Es besteht eine Neigung zu Haarausfall, Hautjucken und diversen Allergien. Kreuzschmerzen. Muskelprobleme und Gedächtnisschwäche sind nicht selten. Grübeln, depressive Verstimmungen und Platzangst kennzeichnen den Typ. Menschen mit dieser Konstellation sehnen sich nach Zuwendung und Trost.

Das sind meine Mineralsalze

Um den Mineralstoffhaushalt auszugleichen, sollten 6 Wochen lang vor dem Frühstück 10 Tabletten Kali-

Dem Feuerelement entspricht der Sommer – Zeit der Reifung. Feuer ist eine verschmelzende, umwandelnde Kraft. Das Feuerelement ist der Süden, entspricht der Farbe Rot und steht in direkter Verbindung zum Herzen, erläutern die alten chinesischen Meister. Die Natur befindet sich im höchsten Yang – dem Yang im Yang.

um phosphoricum D6 in heißem Wasser aufgelöst und schluckweise getrunken werden.

Wenn ich abnehmen will

Zusätzlich zur typgerechten Ernährung und zum Kalium-phosphoricum-Ausgleich am Abend die Salze Nr. 4, Kalium chloratum D6, und Nr. 6, Kalium sulfuricum D6, einnehmen. Als Dosis sind je 4 Tabletten empfohlen, die in heißem Wasser aufgelöst und langsam schluckweise getrunken werden.

Zum Speiseplan des Feuerelements gehören Nüsse. Beliebt sind bei Menschen dieses Typs leckere Mandeln.

Lebensmittel für den Feuertyp

Wenn die Beschreibung einer dieser beiden Schüßlerschen Konstitutionstypen auf Sie zutrifft, gehören Sie zum Feuertyp der chinesischen 5-Elemente-Ernährung. Die folgenden Lebensmittel passen am besten zu Ihnen und sind in den Rezepten dieses Buches für Sie ausgewählt:

Gemüse und Salate Artischocke, Brennnessel, Chicorée, Eisberg-, Endivien-, Feldsalat, Kohlrüben, Kopfsalat, Löwenzahn, Pastinake, Radicchio, Rosenkohl, Rote Bete, Rucola, Spargel

Getreide Amaranth, Buchweizen, Hafer, Leinsamen, Roggen

Fleisch Blutwurst, Fleisch vom Grill, Gänseleber, Hammel, Hühnerleber, Lamm, Rinderherz, Schweineherz, Ziege

Nüsse Mandeln

Obst Aprikosen, Holunderbeeren, Pampelmusen, Quitten, Schlehen

Kräuter und Würzmittel Basilikum, Beifuß, Bohnenkraut, Ingwer, Majoran, Meerrettich, Muskatnuss, Oregano, Paprikapulver, Rosmarin, Safran, Salbei, Thymian, Wacholderbeeren, Wermut

Milchprodukte Schafskäse, Ziegenkäse, Ziegenmilch

Getränke Altbier, Bitterlikör, Cognac, Espresso, grüner Tee, Kaffee, Pils, schwarzer Tee

Das Feuerelement und seine Eigenschaften

Vergleicht man die fünf Elemente mit den Jahreszeiten, so entspricht das Feuerelement dem Sommer – der Zeit der Reifung. Feuer ist eine verschmel-

zende, umwandelnde Kraft. Das Feuerelement ist der Süden, entspricht der Farbe Rot und steht in direkter Verbindung mit dem Herzen, erläutern die alten chinesischen Meister. Die Natur befindet sich im höchsten Yang – dem Yang im Yang.

Die Eigenschaften des Feuers sind nach der chinesischen Lehre der fünf Elemente dem Funktionskreis des Herzens und des Dünndarms zugeordnet. Der Geschmack des Feuerelements ist – analog dem Verbrannten – das Bittere. Insbesondere wenn ein Ungleichgewicht im Organismus herrscht, versucht der Körper dies auszugleichen und entwickelt eine Vorliebe für Tee, Kaffee und Bitterschokolade.

Zu viel Feuer – Begeisterung, Erregung, Unruhe, Kollaps

Die Emotion des Feuerelements ist die Freude. Im Übermaß vorhandene Feuerenergie kann sich bis hin zum Fanatismus fortsetzen, sich mit aufputschenden Drogen ins Unendliche steigern und verzehren wollen – bis zur Überhitzung und zum Kollaps. Enttäuschung, kaltes Herz, Verdauungsstörungen im Dünndarm können die Folge sein. Damit kann der Feuertyp schlecht umgehen. Selbsttäuschung, eine Maske, hinter der er seine Lebenslüge zu verbergen versucht, sind die Kehrseite seiner Emotionen.

Zu wenig Feuer – panische Furcht vor Krankheiten

Die zugeordneten Schüßlerschen Konstitutionstypen, vor allem der Typ Nr. 5, Kalium phosphoricum, verkörpern bei Störungen im Mineralhaushalt diese negativen Erscheinungen ganz besonders, fühlen sich unverstanden und entwickeln eine panische Angst vor Krankheiten. Sie neigen besonders nach Überhitzungsphasen zu ständigem Grübeln und zu depressiven Verstimmungen. Dann sehnen sie sich nach Zuwendung und Trost, aber ihre Maske verhindert sehr oft, dass sie Annäherung wirklich zulassen.

Die geeignete Ernährung kann Ausgleich schaffen

Eine konsequente, typgerechte Ernährung in Kombination mit den entsprechenden Salzen kann hier Abhilfe schaffen. Liegen also Störungen im Erscheinungsbild und der Konstitution des Feuerelements vor, können die geeigneten Lebensmittel, wie sie in den Rezepten dieses Buches verwendet werden, den nötigen Energieausgleich bringen.

Hier noch Zusatzinformationen zu Verdauung und Figur: Die optimale Zellversorgung mit anorganischen Salzen schützt uns, wie dargelegt, vor Krankheiten. Im biochemischen Zellstoffwechsel wird über unsere ganz eigene Konstitution entschieden. Doch wir bestehen nicht nur aus Körperzellen. Auf unsere rund zehn Billionen Zellen kommen hundert Billionen Bakterien, die in und auf uns leben. Innerhalb der Zellen betreiben halbautonome Exbakterien die Energieversorgung – die Mitochondrien. Hunderte bis Tausende arbeiten in jeder Zelle. Wenn die Biochemie stimmt, werden in diesen Biokraftwerken des Körpers täglich ca. 70 bis 80 Kilogramm der universellen Lebensenergie erzeugt – ATP (Adenosintriphosphat). Die Mitochondrien sind es, die unseren Organismus energetisch am Leben erhalten. Sind sie defekt, entstehen chronische Krankheiten wie Alzheimer, Parkinson, Diabetes.

Außerdem ist unsere »Futterverwertung« und damit auch unsere Figur entscheidend abhängig von Art und Zusammensetzung der Verdauungsbakterien. Im Bauch und seinen geheimnisvollen Funktionen wird entschieden. Forscher bezeichnen Steuerung und Organisation der Vorgänge als »Bauchgehirn«.

Der Ernährungstyp des Erdelements

Die Schüßler-Typen Nr. 5, Kalium phosphoricum, Nr. 6, Kalium sulfuricum, Nr. 7, Magnesium phosphoricum, und Nr. 9, Natrium phosphoricum, kommen mit ihren Eigenschaften dem Ernährungstyp Erde am nächsten. Deshalb werden sie dem Erdelement zugeordnet. Hierbei finden die Körpermeridiane der TCM Berücksichtigung. Sie werden mit dem jeweiligen Salz, dem dahintersteckenden Schüßler-Typ und seinen psychischen Eigenschaften in Beziehung gesetzt.

Wie finde ich meinen Konstitutionstyp?

Lesen Sie sich die folgenden Zeilen über Körpermerkmale und Charaktereigenschaften aufmerksam durch. Welche der Merkmale treffen an einem normalen Tag auf Sie am ehesten zu? Was sagt Ihr Partner?
Wenn Sie einem dieser Konstitutionstypen in Eigenschaften und Aussehen entsprechen oder nahekommen, gehören Sie in Ihrer Prägung zum Erdtyp. Die Lebensmittel auf Seite 29 und die Rezepte ab Seite 98 und 112 sind dann für Sie am besten geeignet.

Gehöre ich zum Schüßler-Typ Nr. 5, Kalium phosphoricum?

Im Gesicht überwiegt bei sehr starkem Mangel am Salz Nr. 5 die Farbe Grau. Eingefallene Schläfen sind ebenfalls charakteristisch. Dazu kommen ein Grauton um den Mund, ein senffarbener Zungenbelag

und übler Mundgeruch. Es besteht eine Neigung zu Haarausfall, Hautjucken und diversen Allergien, Kreuzschmerzen, Muskelproblemen und Gedächtnisschwäche. Ständiges Grübeln, depressive Verstimmungen und Platzangst kennzeichnen den Typ, der sich nach Zuwendung und Trost sehnt.

Das sind meine Mineralsalze

Um den Mineralstoffhaushalt auszugleichen, sollten 6 Wochen lang morgens vor dem Frühstück 10 Tabletten Kalium phosphoricum D6 in heißem Wasser aufgelöst schluckweise getrunken werden.

Wenn ich abnehmen will

Zusätzlich zur typgerechten Ernährung und zum Kalium-phosphoricum-Ausgleich abends die Salze Nr. 4, Kalium chloratum D6, und Nr. 6, Kalium sulfuricum D6, einnehmen. Als Dosis sind je 4 Tabletten empfohlen, die in heißem Wasser aufgelöst langsam und schluckweise getrunken werden.

Gehöre ich zum Schüßler-Typ Nr. 6, Kalium sulfuricum?

Charakteristisch sind bei einem Mangel Pigmentflecken, oft ein bräunlich-gelblicher (ockerfarbener) Schatten um die Augen. Es treten vermehrt Altersflecken auf. Menschen dieses Typs werden häufig von einem Reizdarm geplagt, auch von Pilzbefall des Darms, von Fuß- und Nagelpilz. Es kommt oft ebenfalls zu einem unangenehmen Völlegefühl im

Oberbauch, zu Müdigkeit am Morgen. Viele fürchten, nicht mehr geliebt zu werden. Das bessert sich erst, wenn der Kalium-sulfuricum-Haushalt ausgeglichen wird.

Das sind meine Mineralsalze

Um den Mineralstoffhaushalt auszugleichen, sollten etwa 2 bis 3 Monate lang 4-mal täglich 4 Tabletten Kalium sulfuricum D6 eingenommen werden.

Wenn ich abnehmen will

Zusätzlich zur typgerechten Ernährung und zum Kalium-sulfuricum-Ausgleich sollten am Abend 6 Tabletten Natrium sulfuricum D6 in heißem Wasser gelöst eingenommen werden.

Gehöre ich zum Schüßler-Typ Nr. 7, Magnesium phosphoricum?

Nicht selten tritt eine intensive, meist scharf begrenzte Rötung schlagartig irgendwo im Gesicht auf. Es zeigen sich hektische rote Flecken, am häufigsten links und rechts der Nasenflügel, dazu tiefrote Ohren. Bei Mangel am Mineralsalz Magnesium phosphoricum kommt es zu Muskelkrämpfen in der Wade, aber auch im Bereich der Verdauungsorgane. Das kann bis hin zu Herzstolpern gehen. Oft besteht

In der TCM haben die Mediziner des Reiches der Mitte den uns bekannten vier Jahreszeiten eine fünfte hinzugefügt. Ihr entspricht das Erdelement. Im Zyklus des Kosmos steht die Erde in der Mitte. Ihre Farbe ist Gelb. Das Erdelement entspricht dem Spätsommer.

Für die Ernährung des Erdelements besonders geeignet: Gemüse. Der rote Mangold liefert schmackhafte Gerichte.

Heißhunger auf Schokolade. Das normalisiert sich erst unter dem Einsatz des fehlenden Schüßler-Salzes Nr. 7, Magnesium phosphoricum D6. Damit gewinnt dieser Konstitutionstyp, der oft verlegen und unsicher wirkt, auch an Gelassenheit.

Das sind meine Mineralsalze

Um den Mineralstoffhaushalt auszugleichen, sollten ca. 6 Wochen lang pro Tag 10 Tabletten Magnesium

phosphoricum D6 auf einmal als »Heiße Sieben« (siehe Seite 184) eingenommen werden, am besten am Abend.

Wenn ich abnehmen will

Es empfehlen sich zusätzlich zur typgerechten Ernährung und zum Magnesium-phosphoricum-Ausgleich die beiden Salze Nr. 8, Natrium chloratum D6, und Nr. 11, Silicea D12, vor dem Frühstück. Man lässt je 4 Tabletten im Mund zergehen.

Gehöre ich zum Schüßler-Typ Nr. 9, Natrium phosphoricum?

Die Gesichtsfarbe dieses Typs ist oft ungesund, fahl, gelblich, fettig glänzend. Er wird von Mitessern und Pickeln heimgesucht, aber auch von chronischen Entzündungen wie Akne und Ekzemen. Außerdem verlaufen Säurefalten im Gesicht dieses Typs – senkrecht auf die Oberlippe zulaufende Linien. Der gesamte Organismus ist häufig übersäuert.

Das hat auch Auswirkungen auf das seelische Befinden. Menschen vom Typ Natrium phosphoricum sind häufig Choleriker, sie reagieren schnell gereizt und geraten rasch aus dem Gleichgewicht.

Das sind meine Mineralsalze

Natrium phosphoricum D6, auch Salz des Stoffwechsels genannt, wirkt ausgleichend auf den Säure-Basen-Haushalt und regt den Stoffwechsel an. Im Körper ist das Mineral weit verbreitet: Es kommt in Nerven, Muskeln, roten Blutkörperchen, Gehirnzellen und im Bindegewebe vor. Nötig ist die Behandlung für mindestens 3 Monate – die Einnahme von 6 bis 9 Tabletten sollte über den Tag verteilt erfolgen.

Wenn ich abnehmen will

Es sollten zusätzlich zur typgerechten Ernährung und zum Natrium-phosphoricum-Ausgleich von den Salzen Kalium sulfuricum D6, Natrium sulfuricum D6 und Silicea D12 am Abend je 3 Stück in heißem Wasser aufgelöst und langsam in kleinen Schlucken getrunken werden.

Lebensmittel für den Erdtyp

Wenn die Beschreibung einer dieser vier Schüßler-Konstitutionstypen auf Sie zutrifft, gehören Sie zum Erdtyp der chinesischen 5-Elemente-Ernährung. Die folgenden Lebensmittel passen am besten zu Ihnen und sind in den Rezepten dieses Buches für Sie ausgewählt:

Gemüse, Salate und Pilze Auberginen, Austernpilze, Blaukraut, Blumenkohl, Brokkoli, Champignons, Chinakohl, Eisbergsalat, Erbsen, Fenchel, grüne Bohnen, Kartoffeln, Knollensellerie, Kohlrabi, Kürbis, Mangold, Maroni, Möhren, Paprikaschoten, Petersilienwurzel, Pfifferlinge, Schwarzwurzeln, Shiitakepilze, Spinat, Stangensellerie, Steinpilze, Süßkartoffeln, Weißkraut, Wirsing, Zucchini, Zwiebeln (gebraten)
Getreide Dinkel, Gerste, Grünkern, Hirse, Maisgrieß (Polenta), Maiskolben, Süßreis
Fleisch Kalb (auch als Brühe), Rind (auch als Brühe), Truthahn
Hülsenfrüchte, Nüsse und Samen Bohnen, Erbsen, Erdnüsse, Haselnüsse, Kichererbsen, Kürbiskerne, Linsen, Mandeln, Pistazien, Sesam, Sonnenblumenkerne, Walnüsse, Zedernusskerne
Obst Äpfel, Aprikosen, Bananen, Birnen, Datteln, Feigen, Honigmelonen, Mangos, Mirabellen, Papaya, Pfirsiche, Pflaumen, Sultaninen, Trauben

Kräuter und Würzmittel Anis, Dill, Estragon, Fenchel, Kerbel, Minze, Safran, Vanille, Zimt
Milchprodukte Butter, Käse, Kuhmilch, Sahne
Getränke Apfelsaft, Birnensaft, Fencheltee, Honigwein (Met), Likör, Malzbier, Portwein, Traubensaft

Das Erdelement und seine Eigenschaften

Die Chinesen haben den vier Jahreszeiten eine fünfte hinzugefügt. Ihr entspricht das Erdelement. Im Zyklus des Kosmos steht die Erde in der Mitte. Ihre Farbe ist Gelb. Das Erdelement entspricht dem Spätsommer.

Der gesunde Erdtyp ist ausgeglichen

Die Erde ist Symbol für Mitte und Reife. Gemäß chinesischer Ernährungslehre der fünf Elemente sind diese Eigenschaften dem Funktionskreis der Milz, des Magens und der Bauchspeicheldrüse zugeordnet. Der Geschmack des Erdtyps ist das Süße, besonders wenn ein Ungleichgewicht im Organismus besteht.

Zu wenig Erdenergie stört die Balance

Ist die Erde aus dem Gleichgewicht, verliert der Organismus die Balance und wird nicht mehr optimal versorgt. Betroffene neigen zum Grübeln und werden oft von Zivilisationskrankheiten heimgesucht.

Geeignete Ernährung schafft Ausgleich

Lebensmittel, wie sie in den Rezepten dieses Buches ab Seite 98 und 112 verwendet werden, verbunden mit Schüßler-Salzen, können den nötigen Energieausgleich bringen.

Der Ernährungstyp des Metallelements

Die Schüßlerschen Konstitutionstypen Nr. 2, Calcium phosphoricum, Nr. 3, Ferrum phosphoricum, und Nr. 11, Silicea, kommen mit ihren Eigenschaften dem Ernährungstyp Metall am nächsten. Deshalb werden sie dem Metallelement zugeordnet. Hierbei finden die Körpermeridiane der TCM Berücksichtigung. Sie werden mit dem jeweiligen Salz, dem dahinter stehenden Schüßler-Typ und seinen psychischen Eigenschaften in Beziehung gesetzt.

Wie finde ich meinen Konstitutionstyp?

Lesen Sie sich die folgenden Zeilen über Körpermerkmale und Charaktereigenschaften aufmerksam durch. Welche der Merkmale treffen an einem normalen Tag auf Sie am ehesten zu? Was sagt Ihr Partner?

Wenn Sie einem dieser Konstitutionstypen in Eigenschaften und Aussehen entsprechen oder nahekommen, gehören Sie in Ihrer Prägung zum Metalltyp. Die Lebensmittel auf Seite 32 und die Rezepte ab Seite 126 und 140 sind dann für Sie am besten geeignet.

Gehöre ich zum Schüßler-Typ Nr. 2, Calcium phosphoricum?

Auffallend für diesen Typ ist bei einer Mangelsituation an seinem Mineralsalz ein sogenanntes Wachspuppengesicht. Besonders helle Stellen befinden sich direkt vor dem Ohr. Manchmal ist auch die Region von der Nasenwurzel bis unter die Augenbrauen weiß. Gelegentlich hat der Typ zusätzlich einen weißen Zungenbelag. Seine weichen Fingernägel sind ein Zeichen für zu wenig Calcium phosphoricum im Körper. Es kommt auch oft zu Mängeln bei Zahn- und Knochenbildung, zu schlecht heilenden Knochenbrüchen.

Menschen dieses Konstitutionstyps neigen dazu, Verantwortung abzulehnen. Sie suchen Sicherheit in der Anpassung und sind äußerst bemüht, nicht anzuecken. Dabei sind sie materiell eingestellt und durchaus auf ihren Vorteil bedacht. Das Temperament ist lebhaft, aber der Körper ist meist rasch erschöpft.

Das sind meine Mineralsalze

Etwa 2 Monate lang sollten zum Ausgleich morgens und abends je 2-mal 2 Tabletten Calcium phosphoricum D6 eingenommen werden.

Wenn ich abnehmen will

Sie sollten zusätzlich zur typgerechten Ernährung und zum Calcium-phosphoricum-Ausgleich 3-mal täglich vor den Mahlzeiten 2 Tabletten des Ergänzungsmittels Nr. 23, Natrium bicarbonicum D6, langsam im Mund zergehen lassen, am Abend je 4 Tabletten der Salze Nr. 4, Kalium chloratum D6, und Nr. 6, Kalium sulfuricum D6, einnehmen.

Gehöre ich zum Schüßler-Typ Nr. 3, Ferrum phosphoricum?

Bei diesem Typ bildet sich ein bläulicher Schatten zwischen Nasenwurzel und innerem Augenwinkel. Auch zeigen sich oft bläulich-schwärzliche Schatten unter den Augen, hochrote Ohren, hektische Flecken im Gesicht oder am Hals. Diese Merkmale geben Betroffenen und Angehörigen große Rätsel auf; kaum jemand weiß über die Zusammenhänge mit mangelhafter Versorgung der Zellen durch Ferrum phosphoricum Bescheid.

Dieser Konstitutionstyp leidet häufig unter chronischen Erkrankungen, die z. B. Verdauungstrakt und Blutgefäße betreffen. Er ist außerdem oft überempfindlich und rasch erschöpft – sowohl körperlich als auch geistig. Seine Widerstandskraft gegen den »inneren Schweinehund« ist nur schwach entwickelt.

Metall ist Symbol für Festigkeit und Ruhe. Der dazugehörige Geschmack ist das Scharfe. Die dem Metallelement zugeordnete Jahreszeit ist der Herbst.

Das sind meine Mineralsalze

Über 3 Monate hinweg zum Ausgleich morgens auf nüchternen Magen und abends vor der letzten Mahlzeit je 4 Tabletten Ferrum phosphoricum D12 langsam im Mund zergehen lassen.

Wenn ich abnehmen will

Zusätzlich zur typgerechten Ernährung und zum Ferrum-phosphoricum-Ausgleich vom Salz Nr. 4, Kalium chloratum D6, und vom Salz Nr. 8, Natrium chloratum D6, vor dem Mittagessen je 3 Tabletten in 1 Glas heißem Wasser auflösen und langsam schluckweise trinken.

31

Gehöre ich zum Schüßler-Typ Nr. 11, Silicea?

Frühzeitig erschlafft beim Typ Silicea das Bindegewebe. Die Folgen sind blasse Haut, Runzeln und tiefe Falten. Die ehemals glatte Haut wird dünn, rissig und spröde, es kommt zu stumpfem Haar, Haarausfall und brüchigen Nägeln.

Bei Mangel am Mineralsalz Silicea kommt es zu Erschöpfung, Unterernährung und frühzeitigem Altern, oft auch zu Gelenkbeschwerden und Arthrose. Die Bildung von Nierengrieß und auffällige blaue Flecken am Körper sind ebenfalls typisch. Der Silicea-Typ ist von Haus aus liebenswürdig, sanft und harmoniebedürftig, oft auch zaghaft.

Das sind meine Mineralsalze

Zur Gesundung über 3 Monate hinweg täglich 3-mal je 2 Tabletten vom Salz Nr. 11, Silicea D12, mindestens 30 Minuten vor den Mahlzeiten einnehmen.

Wenn ich abnehmen will

Es empfiehlt sich, zusätzlich zu typgerechter Ernährung und Silicea-Ausgleich vor dem Frühstück 4 Tabletten vom Salz Nr. 5, Kalium phosphoricum D6, vor dem Mittagessen 6 Tabletten vom Salz Nr. 9, Natrium phosphoricum D6, und vor dem Abendessen 4 Tabletten vom Salz Nr. 10, Natrium sulfuricum D6, einzunehmen.

Lebensmittel für den Metalltyp

Wenn die Beschreibung einer dieser drei Schüßler-Konstitutionstypen auf Sie zutrifft, gehören Sie zum Metalltyp der chinesischen 5-Elemente-Ernährung. Die folgenden Lebensmittel passen am besten zu Ihnen und sind in den Rezepten dieses Buches für Sie ausgewählt:

Gemüse Frühlingszwiebeln, Knoblauch, Knollensellerie, Kohlrabi, Kresse, Lauch, Meerrettich, Radieschen, Rettich

Getreide Hafer, Reis

Fleisch Fasan, Gans, Hase, Hirsch, Kalbslunge, Kaninchen, Rebhuhn, Reh, Truthahn, Wildente, Wildschwein

Nüsse Erdnüsse

Obst Pfirsiche

Kräuter und Würzmittel Anis, Cayennepfeffer, Bärlauch, Basilikum, Beifuß, Bohnenkraut, Brunnenkresse, Chili, Currypulver, Dill, Estragon, Ingwer, Kapuzinerkresse, Kardamom, Knoblauch, Koriander, Kümmel, Liebstöckel, Lorbeer, Majoran, Muskatnuss, Oregano, Peperoni, Pfeffer, Pfefferminze, Piment, Rosmarin, Salbei, Schnittlauch, Senf, Thymian, Zimt, Zitronengras

Milchprodukte Blauschimmelkäse, Harzer Käse, Münster Käse, Roquefort

Getränke Pfefferminztee, Reiswein, Yogi-Tee

Das Metallelement und seine Eigenschaften

Metall ist Symbol für Festigkeit und Ruhe. Nach der chinesischen Ernährungslehre der fünf Elemente sind diese Eigenschaften im menschlichen Organismus dem Funktionskreis der Lunge und des Dickdarms zugeordnet. Der dazugehörige Geschmack ist das Scharfe. Die Farbe des Metallelements ist Weiß. Der Metalltyp hat eine Vorliebe für Scharfes; vor allem dann, wenn ein Ungleichgewicht im Organismus besteht. Dann versucht der Körper dies auszugleichen und entwickelt eine starke Vorliebe etwa für mit Pfeffer und Chili gewürzte Speisen.

Der gesunde Metalltyp ist künstlerisch begabt

Die dem Metallelement zugeordnete Jahreszeit ist der Herbst. Wenn der Spätsommer vorüber ist, kommt die Herbstenergie zum Tragen, von der das Element des Metalls reichlich besitzt.

Der Metalltyp ist oft künstlerisch begabt. Das Sinnbild für Schärfe gilt auch für seinen Verstand. Der Metalltyp kann vor Publikum glänzen und liebt deswegen Öffentlichkeit und Bewunderung. Die Lunge, deren Meridian für den Metalltyp zuständig ist, hat nach Vorstellung der Traditionellen Chinesischen Medizin auch Aufgaben für das Immunsystem zu erfüllen. Die Lunge wird als Kontrollorgan gesehen, das u. a. das Öffnen und Schließen der Poren und somit das Schwitzen und die Hautatmung überwacht.

Gestörte Energie schürt Misstrauen

Gestörte Energien führen oft zu Misserfolg. Das beschäftigt Menschen dieses Typs naturgemäß sehr. Durch Erfolglosigkeit wird der Metalltyp zunehmend haarspalterisch und neigt immer mehr zu Misstrauen, zu Selbstmitleid und schließlich zu häufiger Traurigkeit bis hin zu depressiver Verstimmung. Seine Widerstandskraft gegen den »inneren Schweinehund« ist vor allem bei Mangel am Schüßler-Salz Nr. 3, Ferrum phosphoricum, nur schwach entwickelt. Hinzu kommen bei Menschen dieses Typs häufig Verstopfung, Atemwegsbeschwerden, Allergien, Hautprobleme und Infektanfälligkeit. Dies trägt auch nicht gerade zur Verbesserung ihrer Stimmungslage bei.

All diese Erscheinungen, die von biochemischen Mangelzuständen verursacht werden, verschwinden erst, wenn die Mineralstoffspeicher wieder aufgefüllt sind.

Das Metallelement ist nach der chinesischen Elementeküche besonders empfänglich für Kräuter und Würzmittel wie Piment, Pfeffer, Ingwer, Zimt, Anis und Currypulver.

Die richtigen Lebensmittel sorgen für Ausgleich

Liegen Störungen im Erscheinungsbild und der Konstitution des Metallelements vor, können die geeigneten Lebensmittel auf dem Speisezettel des Metalltyps, wie sie in den Rezepten dieses Buches ab Seite 126 und 140 verwendet werden, in Verbindung mit den Schüßler-Salzen den nötigen Energieausgleich bringen.

Der Ernährungstyp des Wasserelements

Die Schüßlerschen Konstitutionstypen Nr. 8, Natrium chloratum, und Nr. 12, Calcium sulfuricum, kommen mit ihren Eigenschaften und gesundheitlichen Problemen dem Ernährungstyp Wasser am nächsten. Deshalb werden sie dem Wasserelement zugeordnet. Hierbei finden die Körpermeridiane der TCM Berücksichtigung. Sie werden mit dem jeweiligen Salz, dem dahinter stehenden Schüßler-Typ und seinen psychischen Eigenschaften in Beziehung gesetzt.

Wie finde ich meinen Konstitutionstyp?

Lesen Sie sich die folgenden Zeilen über Körpermerkmale und Charaktereigenschaften aufmerksam durch. Welche der Merkmale treffen an einem normalen Tag auf Sie am ehesten zu? Was sagt Ihr Partner?

Wenn Sie einem dieser Konstitutionstypen in Eigenschaften und Aussehen entsprechen oder nahekommen, gehören Sie in Ihrer Prägung zum Wassertyp. Die Lebensmittel auf Seite 36 und die Rezepte ab Seite 152 und 166 sind dann für Sie am besten geeignet.

Gehöre ich zum Schüßler-Typ Nr. 8, Natrium chloratum?

Grobporige, etwas schwammig wirkende Haut, fettiger Glanz, vor allem auf Lidern und Nase, und ein häufig rötlich entzündeter Lidrand fallen bei diesem Typ auf. Es kommt leicht zu trockenen Augen. Störungen zeigen sich manchmal auch in einem übergroßen Verlangen nach Salzigem und stark gewürzten Speisen. Der Säure-Basen-Haushalt ist vielfach gestört, der Organismus übersäuert.

Der Natrium-chloratum-Typ ist oft seelisch verletzt und in Stimmungstiefs. Auch Antriebsschwäche und Verzagtheit sind nicht selten.

Das sind meine Mineralsalze

Zum Ausgleich für bestehende Mängel und um gesundheitliche Folgen zu beheben, sollten vom Salz Nr. 12, Calcium sulfuricum D6, 3 Monate lang täglich 3-mal 2 Tabletten morgens, mittags und abends eingenommen werden.

Wenn ich abnehmen will

Zusätzlich zur typgerechten Ernährung und zum Natrium-chloratum-Ausgleich morgens 4 Tabletten Kalium sulfuricum D6 langsam im Mund zergehen lassen.

Gehöre ich zum Schüßler-Typ Nr. 12, Calcium sulfuricum?

Die Haut des Calcium-sulfuricum-Typs ist oft auffallend weiß. Man spricht von Alabaster- oder Gipsweiß. Der weiße Ton ist vor allem um die Augen

herum verbreitet und scheint von innen herauszu-kommen. Eiterungen – Abszesse und Akne – treten vermehrt auf.

Mit zunehmendem Alter zeigen sich Pigment- und Leberflecke. Menschen dieses Typs wirken oft oberflächlich und wenig konzentriert. Selbst Ände-rungen, die sie für nötig halten, zögern sie immer wieder hinaus.

Das sind meine Mineralsalze

Zum Ausgleich für bestehende Mängel und um gesundheitliche Folgen zu beheben sollten vom Salz Nr. 12, Calcium sulfuricum D6, 3 Monate lang täg-lich 3-mal 2 Tabletten morgens, mittags und abends eingenommen werden.

Wenn ich abnehmen will

Zusätzlich zur typgerechten Ernährung und zum Calcium-sulfuricum-Ausgleich die Salze Nr. 4, Kali-um chloratum D6, Nr. 6, Kalium sulfuricum D6, Nr. 10, Natrium sulfuricum D6, und das Zusatzsalz Nr. 23, Natrium bicarbonicum D12, einnehmen. Dosie-rung: 2-mal täglich, morgens und abends. Dabei wird von jedem Salz je 1 Tablette – also insgesamt 2-mal 4 – in 1 kleines Glas heißes Wasser eingerührt und langsam schluckweise getrunken.

Wasser steht symbolisch für Ausdauer und Willenskraft. Der Geschmack des Wasserelements ist das Salzige. Das Element Wasser steht für den Winter, ihm zugeordnet sind das Kalte und die Farbe Schwarz.

Lebensmittel für den Wassertyp

Wenn die Beschreibung einer dieser beiden Schüßler-Konstitutionstypen auf Sie zutrifft, gehören Sie zum Wassertyp der chinesischen 5-Elemente-Ernährung. Die folgenden Lebensmittel passen am besten zu Ihnen und sind in den Rezepten dieses Buches für Sie ausgewählt:

Gemüse Auberginen, Blaukraut, Fenchel, Möhren, Trüffel, Weißkraut, Wirsing, Yams-Wurzel

Für den Wassertyp der chinesischen Elementeküche eignet sich die Aubergine besonders für leckere Gerichte, z. B. Auberginengemüse mit Pfifferlingen.

Getreide Gerste, Hirse, Weizen, Weizenflocken, Wildreis

Fleisch und Fisch Aal, Austern, Ente, Fischsuppe, Flusskrebs, Forelle, Heilbutt, Hering, Hirsch, Hummer, Kabeljau, Karpfen, Kaviar, Krabben, Lachs, Lamm, Languste, Makrele, Pökelfleisch, Räucherfisch und -fleisch, Rinderniere, Salami, Sardinen, Sauerbraten, Schinken, Schwein, Thunfisch, Ziege

Hülsenfrüchte und Samen Bohnenkeimlinge, gelbe Sojabohnen, Kichererbsen, Kürbiskerne, Linsen, Mungbohnen, Saubohnen, schwarze Sojabohnen, Sesam, weiße Bohnen

Obst Himbeeren, Kirschen, Pflaumen, Rosinen, Trauben

Kräuter und Würzmittel Agar-Agar, Bocksdornfrüchte, Gewürznelke, Kümmel, Meersalz, Sojasauce, Sternanis, Worcestersauce, Zimt

Milchprodukte Blauschimmelkäse, Butter, Frischkäse, Kefir, Roquefort, Sahne, Ziegenmilch

Getränke Mineralwasser, Schnaps, Sherry

Das Wasserelement und seine Eigenschaften

Wasser steht symbolisch für Ausdauer und Willenskraft. Diese Eigenschaften sind nach der chinesischen Ernährungslehre der fünf Elemente im menschlichen Organismus dem Funktionskreis von Nieren und Blase zugeordnet. Der Geschmack des Wasserelements ist das Salzige. Wenn ein Ungleichgewicht im Organismus besteht, hat der Wassertyp eine starke Vorliebe für alles Salzige wie Gepökeltes, Salzgurken etc.

Die Nieren sind die Wurzel von Yin und Yang im Körper. Das Element Wasser steht für den Winter. Ihm zugeordnet sind das Kalte und die Farbe Schwarz.

Der gesunde Wassertyp ist ausdauernd

Solange die Energie des Elements Wasser kraftvoll und ungestört fließt, ist der Wassertyp besonders ausdauernd und belastbar, ohne von einem vorgefassten Ziel abzuweichen. Unerschütterlich widmet er sich den Aufgaben, die er einmal begonnen hat. Er wirkt bisweilen sogar introvertiert und vermeidet es, in der Öffentlichkeit aufzutreten. Oft erkämpft er sich als Einzelgänger, was er sich vorgenommen hat. Pünktlich, pflichtbewusst und ordentlich erledigt er seine Aufgaben und bringt sie zu einem tadellosen Abschluss. Der Wassertyp sucht in seinem Umfeld Geborgenheit, Stabilität und Stille.

Gestörte Wasserenergie macht unsicher

Gut ausgeprägte Nieren stehen für Stärke und Willenskraft. Wenn jedoch die Nierenenergie nur schwach fließt, tritt Unsicherheit auf, und der Ernährungstyp Wasser wirkt scheu, unsicher, verklemmt und ängstlich. Besonders der Natrium-chloratum-Typ im Zeichen des Wassers ist oft seelisch verletzt und im Stimmungstief. Antriebsschwäche und Verzagtheit sind nicht selten. Zu starke Belastungen führen beim Wassertyp oft zu Rückenbeschwerden und Schwächeanfällen; vor allem, wenn die Mineralstoffspeicher nur ungenügend gefüllt sind.

Die geeignete Ernährung kann Ausgleich schaffen

Die Stärken des Wasserelements wie Stetigkeit und Ausdauer kommen nicht von ungefähr. Um sie voll zur Geltung zu bringen, brauchen Menschen mit diesen Ausprägungen besonders eine typgerechte Ernährung, weil sonst negative Eigenschaften zutage gefördert werden können. Dann werden aus Stetigkeit schnell Wankelmut und Schwäche. Liegen solche Störungen im Erscheinungsbild und in der Konstitution des Wasserelements vor, können die geeigneten Lebensmittel, wie sie in den Rezepten dieses Buches ab Seite 152 und 166 verwendet werden, den nötigen Energieausgleich bringen.

Noch einige Informationen zur Erneuerung unseres Körpers: Unsere Körperzellen werden ständig neu gebildet, mindestens eine Million Zellen »vergehen« pro Stunde und werden erneuert. Alle fünf Tage bekommen wir eine neue Magenschleimhaut, die Leber wird innerhalb von zwei Monaten ausgetauscht. Die Haut erneuert sich alle sechs Wochen. Jedes Jahr werden 98 Prozent der Atome in unserem Körper ersetzt. Wir werden insgesamt ungefähr alle 20 Jahre komplett erneuert.

Damit dies reibungslos funktioniert, müssen alle biochemischen Voraussetzungen optimal erfüllt sein. Wo Mangel herrscht, wird durch die Einnahme der entsprechenden Schüßler-Salze der erforderliche Ausgleich geschaffen. Beachten Sie dazu bitte die Informationen auf den Seiten 34 und 35.

Frühling und Sommer

Wenn die Winterstarre sich löst und das Leben zurückflutet in die Leitungsbahnen der Pflanzen und Sträucher, steigen die Säfte. Blätter entfalten sich, das Land ergrünt. Auch bei Mensch und Tier regen sich vitale Triebe, und die Lust auf frische Gerichte verändert den Speisezettel.

Spargel, Erdbeeren, frische Kräuter

Frühling, das sind erste Frühstücksfreuden auf Balkon und Terrasse. Die Phase der schweren deftigen Speisen, der thermisch heißen Gerichte gehört nun für lange Zeit der Vergangenheit an. Spargel, Erdbeeren, frische Kräuter von Liebstöckel bis Pfefferminze und von Schnittlauch bis Salbei, von Oregano bis Petersilie bestimmen die Düfte in der Küche und den Geschmack auf dem Teller.

Auf solche Veränderungen nimmt eine jahreszeitlich geprägte Küche natürlich Rücksicht. Sie versucht, den unterschiedlichen Bedürfnissen des Organismus zu entsprechen. Das macht sie so anders als die globalisierte Einheitsernährung mit Mac und Burger, mit Schnitzel und Pommes, die jahrein, jahraus den gleichen Energiestandard aufweisen, oder das Kantinenessen, das ebenfalls kaum Rücksicht nimmt auf die thermischen Erfordernisse des Menschen. Seit es Tiefkühlkost und Mikrowelle gibt, gelangt zudem immer häufiger paniertes, öliges, angedicktes, gezuckertes, vorgefertigtes Standardessen auf den Tisch. Die hier vorgestellten Rezepte berücksichtigen dagegen den individuellen Ernährungstyp, der durch die biochemischen Erkenntnisse von Dr. med. Wilhelm Heinrich Schüßler und durch die chinesische 5-Elemente-Ernährung bestimmt ist. Sie tragen selbstverständlich auch den jahreszeitlichen Bedürfnissen des Organismus Rechnung.

Die Frühlingsrezepte entsprechen der nun eintretenden Expansion, die gekennzeichnet ist durch aufsteigende Lebenskraft. An einem schönen Frühlings- oder Sommermorgen sollte statt der ewigen Toastbrote mit Marmelade mal etwas Kreativeres und Fantasiereicheres auf den Tisch kommen. Wie wäre es mit Dinkelflocken und Apfel, mit gedämpften Zucchinischeiben oder auch einem richtigen kleinen bunten Gemüsegericht, in der Pfanne oder im Wok gedämpft und mit Kräutern garniert?

Gegrilltes im Schatten alter Bäume

Im Frühling und Sommer sind auch während des ganzen Tages Gerichte angesagt, die aus neutraler bis kühlender, kalorienreduzierter Kost bestehen. Wer will seinen Organismus denn in der leichten, unbeschwerten Atmosphäre der Veilchenblüte, der Gänseblümchenwiesen, des Bienensummens in rosafarbenen Apfelblüten oder des Heudufts mit schwerer Kost belasten? Die wärmenden und besonders nahrhaften Rezepte heben wir uns für Herbst und Winter auf.

In den heißen Sommermonaten, die mit schwüler Luft und schwerer Süße über dem Land brüten, greifen wir auf thermisch kühlende bis kalte Nahrungsmittel zurück. Wenn die Erde glüht, braucht unser Körper erfrischende Melonen, Schinken, Eis und kühle Säfte. Aber auch mal Gerichte im Freien, Gegrilltes im Schatten alter Bäume – diese Kombination ist das Richtige für die heißen Monate des Jahres.

Herbst und Winter

Wenn die ersten Stürme über die Stoppeläcker fegen, die Bäume schwer von Früchten sind und überall in Feld und Garten die Ernte auf Hochtouren läuft, ändern sich die Ansprüche des menschlichen Organismus an die Ernährung. Die thermisch kühlen Nahrungsmittel verschwinden allmählich aus dem Speiseplan und machen wärmenden und nahrhaften Gerichten Platz.

Im weiteren Verlauf des Herbstes, wenn die Früchte geerntet sind, wenn die Säfte zurück zu den Wurzeln fließen und die Blätter fallen, neigt sich der Lebensrhythmus in der Natur dem Ende zu. Wir Menschen spüren, wie Kälte nach den Gliedmaßen greift. Wir zünden Kerzen an, um der Dunkelheit einen warmen Glanz zu verleihen.

Üppige Gemüsegerichte, saftiges Fleisch

Deftige Gemüsetöpfe mit Sellerie, Lauch und frisch geernteten gelben Rüben und saftigem Fleisch kommen jetzt vermehrt auf den Tisch. Sie trösten über die trüber, kürzer und kälter werdenden Tage ein wenig hinweg und verschaffen dem Körper ausreichend Reserven für die beginnende Herbst- und Winterzeit.

Die jahreszeitlich orientierte Küche, die hier in diesem Buch vorgestellt wird, trägt den veränderten Bedürfnissen des Körpers im Laufe des Jahres stets Rechnung. Sie zeigt auch, wie Dünsten und Kochen uns beim Abnehmen helfen. Denn die nun bevorzugten energetisch heißen Nahrungsmittel können durch Kochen oder Andünsten etwas in ihrer Wirkung gemildert werden.

Weder Vegetarismus noch Rohkost

Die traditionelle chinesische Küche der 5-Elemente-Ernährung ist weder eine vegetarische noch eine Rohkostküche. Rohkost ist energetisch kalt und keineswegs leicht verdaulich. Für die meisten Menschen sind gekochte Speisen eben bekömmlicher als ungegartes Gemüse, geschrotetes Getreide und rohes Obst. In den hier vorgestellten Rezepten wird stets auf die thermische, energetische Wirkung der Speisen verwiesen. Salate wie Chicorée oder Kopfsalat sind beispielsweise kalt. Das gilt auch für Joghurt oder Kefir, für Tomaten oder Rhabarber. Solche Nahrungsmittel verlangsamen den Stoffwechsel und »befeuchten« das Gewebe. Das trifft auch auf die energetisch kühlen Äpfel zu, auf Gurken und Zitrusfrüchte. Im Sommer mögen wir diese geringe Energetik, im Herbst und Winter ist sie eher unerwünscht.

In den dunklen und kühlen Perioden des Jahres sehnen wir uns mehr nach Hühnerfleisch und Hühnerbrühe, die zu den warmen Speisen zählen, nach Gans, Hering, Schweinefleisch und Weißkohl, die ebenfalls in diese Kategorie fallen. Ganz besonders willkommen sind dann auch energetisch heiße Lebensmittel, wie Fenchelgemüse, Chilipfeffer, Knoblauch, Lammfleisch, Yogi-Tee oder Zimt.

Wenn das Essen einmal schwer verdaulich sein sollte, hilft frischer Ingwer. Er ist ein hervorragendes Mittel, um Völlegefühl und Blähungen zu beseitigen. Ingwer hat außerdem eine stoffwechselanregende Wirkung und hilft daher, Übergewicht abzubauen. Das gilt auch für Majoran, Kümmel, Estragon, Kardamom, Oregano und Rosmarin. Sie leiten Feuchtigkeit aus und reduzieren dadurch das Gewicht.

Rezepte für die fünf Ernährungs-typen

Rezepte für den Holztyp im Frühling und Sommer

Frühstück

Dinkelflocken mit Apfel

Für 1 Portion
3–4 EL Dinkelflocken
1 Apfel, gerieben
ca. ½ cm frischer Ingwer, gehackt
1 Prise Salz
1 EL Sauerkirschkonfitüre oder Honig
1 EL Sauerrahm

Thermische Eigenschaften
kalt | **kühl** | **neutral** | warm | heiß

1 Die Dinkelflocken mit dem Apfel und dem Ingwer in ¼ Liter Wasser 1-mal aufkochen und unter ständigem Rühren bei geringer Hitze bissfest garen.

2 Mit Salz abschmecken, Sauerkirschkonfitüre oder Honig dazugeben und mit Sauerrahm garnieren.
Zubereitungszeit: ca. 15 Minuten

Vorspeise oder Zwischenmahlzeit

Gefüllte Tomaten mit Fisch

Für 4 Portionen
8 Fleischtomaten, groß
Salz
150 g Thunfisch in Öl
(Abtropfgewicht)
4 Sardellenfilets in Öl
8 Oliven, grün, entsteint
1 Kugel Mozzarella (ca. 125 g)
2 Eier, hartgekocht
1 Bund Basilikum
schwarzer Pfeffer aus der Mühle
2 EL Olivenöl, extra vergine

Thermische Eigenschaften
kalt | **kühl** | **neutral** | warm | heiß

1 Tomaten nach dem Waschen oben aufschneiden, mit einem Teelöffel das Fruchtfleisch herauslösen und würfeln. Die ausgehöhlten Tomaten innen leicht salzen.

2 Thunfisch und Sardellen abtropfen lassen und in kleine Stückchen schneiden.

3 Die Oliven in feine Ringe, Mozzarella und gepellte Eier in kleine Würfel schneiden. Basilikum nach dem Waschen trockenschütteln und die Hälfte der Blätter fein wiegen.

4 Alle Zutaten mit dem gewürfelten Tomatenfruchtfleisch, etwas Salz und Pfeffer und dem Olivenöl in einer Schüssel vermischen. Die Masse in die hohlen Tomaten füllen und mit dem übrigen Basilikum garnieren.
Zubereitungszeit: ca. 20 Minuten

Tipp Wetterkapriolen verursachen oft Kopfschmerzen. Neben reichlichem Trinken (am besten Leitungswasser) hilft es, alle 15 Minuten 1 Tablette Ferrum phosphoricum D12 unter der Zunge zergehen zu lassen. Bei stechenden Schmerzen alle 15 Minuten 1 Tablette Magnesium phosphoricum D6 in ½ Glas heißem Wasser aufgelöst schluckweise trinken.

Frühstück oder Zwischenmahlzeit

Tomatentoast

1 Brotscheiben toasten und mit Butter bestreichen. Schnittlauch darüber streuen. Die Oliven in feine Scheiben schneiden und ebenfalls auf den Toast legen.

2 Die gewaschenen und in Scheiben geschnittenen Tomaten auflegen und leicht salzen.

Zubereitungszeit: ca. 10 Minuten

Für 1 Portion
2 Scheiben Dinkeltoastbrot
etwas Butter
½ EL Schnittlauch, in Röllchen geschnitten
2 Oliven, schwarz
1–2 Tomaten
Salz

Thermische Eigenschaften
kalt | **kühl** | *neutral* | *warm* | *heiß*

Vorspeise oder Hauptgericht

Lauchsuppe mit Rotbarsch

1 Kartoffeln schälen und grob raspeln. Die Butter in einem großen Topf erhitzen und die Kartoffeln darin bei mittlerer Hitze weich braten.

2 Den Lauch waschen, putzen, längs halbieren und in Ringe schneiden. Zu den Kartoffeln geben und kurz mitdünsten. Mit dem Weißwein und ca. ½ Liter Wasser aufgießen. Die Suppe salzen, pfeffern und etwa 15 Minuten bei mittlerer Hitze köcheln.

3 Das Rotbarschfilet waschen, trockentupfen und in mundgerechte Stücke schneiden, mit dem Zitronensaft beträufeln und salzen.

4 Das Gemüse in der Suppe mit einem Pürierstab fein zerkleinern. Nochmals aufkochen und abschmecken. Die Fischstücke in die Suppe legen und bei geringer Hitze zugedeckt etwa 5 Minuten durchziehen lassen, bis sie gar sind.

5 Inzwischen den Dill abbrausen, trockenschütteln und von den Stängeln zupfen. Die Suppe damit bestreuen und rasch servieren.

Zubereitungszeit: ca. 35 Minuten

Für 4 Portionen
250 g Kartoffeln, mehligkochend
2 EL Butter
500 g Lauch
⅛ l Weißwein, trocken
Salz
weißer Pfeffer aus der Mühle
500 g Rotbarschfilet
Saft von ½ Zitrone, unbehandelt
½ Bund Dill

Thermische Eigenschaften
kalt | **kühl** | **neutral** | **warm** | *heiß*

Tipp Nach Krankheiten im Winter ist der Organismus oft sehr geschwächt und anfällig. Um ihm jetzt zu neuer Vitalität zu verhelfen, setzt man Calcium phosphoricum D6 ein: 6-mal täglich 2 Tabletten im Mund zergehen lassen, bis die alte Spannkraft zurückkehrt.

Suppe

Zuppa Toscana con Farro

Für 4 Portionen

200 g Mischung aus grünen Linsen, Perlgraupen, geteilten Erbsen, mittelgroßen weißen Bohnen, grünen Sojabohnen, geschälten roten Linsen, gelben Saubohnen, Perldinkel (ca. 7 %)

2 EL + 4 TL Olivenöl, extra vergine

1 Knoblauchzehe, fein gehackt

einige Rosmarinnadeln

2–3 Salbeiblätter

½ Gemüsebrühwürfel

Salz

schwarzer Pfeffer aus der Mühle

Thermische Eigenschaften

kalt | kühl | **neutral** | **warm** | heiß

1 Einen Topf mit 1 ½ Liter kaltem Wasser füllen. Die Hülsenfrüchte waschen, abtropfen lassen und ins Wasser geben. Olivenöl, Knoblauch, Rosmarin, Salbeiblätter und den halben Brühwürfel dazugeben.

2 Den Topf zudecken und die Suppe ca. 30 bis 40 Minuten bei geringer Hitze köcheln. Mit Salz und Pfeffer abschmecken.

3 Vor dem Servieren in jeden Teller noch 1 Teelöffel Olivenöl geben.

Zubereitungszeit: ca. 60 Minuten

Beilage

Warmer Hopfensprossensalat

Für 4 Portionen

300 g Hopfensprossen

Salz

½ TL Zucker

¼ l Gemüsebrühe

3 EL Zitronensaft

3–4 EL Olivenöl

weißer Pfeffer aus der Mühle

1 Bund Kräuter, gemischt (Schnittlauch, Kerbel, Estragon, Dill, Petersilie)

Thermische Eigenschaften

kalt | kühl | neutral | **warm** | heiß

1 Die Hopfensprossen einige Male in kaltem Wasser spülen, bis alle Erdspuren beseitigt sind, dann die unteren Enden der Sprossen abschneiden.

2 In einem großen Topf reichlich Salzwasser mit Zucker zum Kochen bringen. Die Sprossen darin 10 Minuten sprudelnd kochen. Abgießen, kalt abspülen und abtropfen lassen.

3 Sprossen mit der heißen Gemüsebrühe, dem Zitronensaft und dem Öl anmachen, mit Salz und Pfeffer abschmecken. Den Salat zugedeckt 15 Minuten ziehen lassen.

4 Die gewaschenen und fein gewiegten Kräuter erst unmittelbar vor dem Servieren unter den Salat mischen.

Zubereitungszeit: ca. 45 Minuten

Info »Zuppa Toscana con Farro« gibt es als italienische Fertigmischung bei Terre dei Gigli in Florenz für etwa 2,95 Euro. Sie ist ein traditionelles toskanisches Rezept. Die Suppe ist das Beste und Preiswerteste, was man in dieser Qualität derzeit an Dinkelsuppe auf den Tisch bringen kann (www.terredeigigli.it).

Vorspeise oder Hauptgericht

Langustenschwänze mit frischer Ananas

1 Gut 1 ½ Liter Wasser mit dem Weißwein in einem Topf zum Kochen bringen, leicht salzen. Dill unter kaltem Wasser waschen und zusammen mit dem Zitronensaft ins Wasser geben. Die aufgetauten Langustenschwänze in den kochenden Sud geben. Mindestens 15 Minuten köcheln. Dann den Topf vom Herd nehmen und die Langustenschwänze im Sud abkühlen lassen.

2 Herausnehmen, auf den Rücken legen, die Schwanzschuppen stutzen und die Langusten von hinten entlang der Bauchlinie aufschneiden, die Krustenschalen entfernen – eventuell ein paar als Tischdekoration zurückbehalten – und das Langustenfleisch auslösen. Das Fleisch etwa 5 Zentimeter an der Rückenlinie entlang aufschneiden und den ca. 3 Millimeter dicken Darm (grau bis schwarz) herausziehen. (Der Verbleib des Darms wäre harmlos – aber das hygienische Empfinden verlangt seine Entfernung.) Das Fleisch in ca. 1 Zentimeter dicke Scheiben schneiden und beiseite stellen.

3 Ananas schälen und das Fruchtfleisch – es sollten gute 350 Gramm sein – in ca. 1 ½ Zentimeter große Würfel schneiden. Den harten Strunk in der Mitte entfernen.

4 Das Öl in einer Pfanne erhitzen, abgezogene und gehackte Zwiebel und Knoblauch hineingeben und goldgelb braten. Die Ananasstücke in die Pfanne legen und kurz mitbraten.

5 Das Langustenfleisch in die Pfanne legen und mit Currypulver bestäuben, unter leichtem Rühren ca. ½ Minute dünsten. Den Hummerfond und das Kokoskonzentrat hinzufügen. Mit Salz und Pfeffer abschmecken. Alles bei geringer Hitze noch etwa 10 Minuten köcheln, dann auf einer vorgewärmten Platte rasch servieren.

Zubereitungszeit: ca. 12 Stunden Auftauzeit + ca. 90 Minuten

Für 4 Portionen
⅛ l Weißwein, trocken
Salz
½ Bund Dill
Saft von ½ Zitrone, unbehandelt
4 Langustenschwänze, TK-Ware, über ca. 12 Stunden im Kühlschrank aufgetaut
1 Ananas (ca. 800–900 g)
3 EL Olivenöl
1 Zwiebel, mittelgroß
2 Knoblauchzehen
1 EL Currypulver
½ l Hummerfond aus dem Glas
50 g Kokoskonzentrat
schwarzer Pfeffer aus der Mühle

Thermische Eigenschaften
kalt | **kühl** | **neutral** | warm | heiß

Info **Frische Langusten haben ganzjährig Saison, ähnlich wie Hummer. Sie stehen für einigen Luxus – denn ihr Kilopreis beträgt als Tiefkühlprodukt ca. 100 Euro. 1000 Gramm gefrostete Langusten ergeben ausgelöst und tafelfertig etwa 500 Gramm Langustenfleisch.**

45

Hauptgericht vegetarisch

Frische Kräuternudeln mit Rucola

Für 4 Portionen
1 Bund Basilikum

300 g Mehl + etwas Mehl für die Arbeitsfläche

3 Eier

Salz

50 g Tomaten, getrocknet, in Öl

150 g Champignons, frisch

1 Knoblauchzehe

1 Bund Rucola

50 g Parmesan, frisch gerieben

schwarzer Pfeffer aus der Mühle

Thermische Eigenschaften

kalt | **kühl** | **neutral** | warm | heiß

Zubereitungszeit: ca. 60 Minuten
Ruhezeit für den Teig + ca. 50 Minuten

Rucola und Nudeln sind eine Köstlichkeit – mit Pilzen und Tomaten ist das Gericht unwiderstehlich. Und so gesund!

1 Basilikum waschen, trockenschütteln, von den Stielen abzupfen und fein wiegen. Mit Mehl, Eiern und ½ Teelöffel Salz zu einem geschmeidigen Teig verkneten, diesen in ein feuchtes Leinentuch wickeln und für gut 1 Stunde in den Kühlschrank legen.

2 Den Teig auf einer bemehlten Fläche dünn auswalzen und in lange, ca. 2 Zentimeter breite Nudeln schneiden.

3 Die Tomaten aus dem Öl nehmen und abtropfen lassen, das Öl auffangen. Champignons putzen und in feine Streifen schneiden.

4 Reichlich Salzwasser in einem großen Topf zum Kochen bringen und die Nudeln darin in ca. 8 Minuten bissfest garen.

5 2 Esslöffel Tomatenöl erhitzen, die Pilze darin anbraten. Abgezogene Knoblauchzehe darüber pressen, mit Salz würzen. Die Tomaten würfeln und unterheben. Rucola waschen und trockenschütteln.

6 Nudeln abtropfen lassen, mit 2 Esslöffel Tomatenöl mischen. Die Pilz-Tomaten-Masse und Rucola vorsichtig unterheben. Auf Tellern anrichten, mit Parmesan und Pfeffer überstreuen.

Hauptgericht vegetarisch

Grünkernklößchen in Tomaten-Thymian-Sauce

1 Den Grünkernschrot in einem Topf mit knapp ½ Liter Wasser aufkochen. Die Kochstelle ausschalten und den Brei abkühlen lassen, bis er lauwarm ist.

2 Zwiebeln und Knoblauch abziehen und sehr fein hacken. Die Petersilie waschen und trockenschütteln, die Blättchen abzupfen und fein wiegen.

3 Zwiebeln und Knoblauch, Limetten- oder Zitronenabrieb, Petersilie, Ei und Semmelbrösel zum Grünkernbrei hinzufügen, alles gut mischen und mit Salz und Pfeffer abschmecken. Aus der Masse ungefähr walnussgroße Klößchen formen und auf einen Teller legen.

4 In einer Pfanne das Olivenöl erhitzen. Die Grünkernklöße darin bei mittlerer Hitze etwa 10 Minuten braten. Die Pfanne häufig rütteln, damit sie gleichmäßig bräunen. Dann herausnehmen und im Backofen auf der kleinsten Stufe warm halten.

5 Währenddessen die Sauce zubereiten. Dazu die Tomaten überbrühen, häuten und zerteilen, danach fein hacken. Den Thymian von den Stielen streifen.

6 Das Öl in einer Pfanne erhitzen, Pinien- oder Zedernusskerne und die Thymianblättchen darin andünsten. Die Tomaten hinzufügen und die Sauce bei mittlerer Hitze ca. 10 Minuten garen.

7 Die Crème fraîche unterziehen und die Sauce mit Salz und Pfeffer abschmecken. Mit den Klößchen servieren.

Zubereitungszeit: ca. 60 Minuten

Für 4 Portionen

Für die Klößchen

200 g Grünkernschrot

2 Zwiebeln, klein

2 Knoblauchzehen

1 Bund Petersilie

1 TL abgeriebene Limetten- oder Zitronenschale, unbehandelt

1 Ei

5–6 EL Semmelbrösel

Salz

schwarzer Pfeffer aus der Mühle

2 EL Olivenöl

Für die Sauce

700 g Tomaten

1 Bund Thymian, klein

2 EL Olivenöl

1 EL Pinien- oder Zedernusskerne

150 g Crème fraîche

Salz

schwarzer Pfeffer aus der Mühle

Thermische Eigenschaften
kalt | **kühl** | **neutral** | *warm* | *heiß*

Info Tomaten und Basilikum sind ein Klassiker, Tomaten mit Thymian eine Offenbarung. Dazu kommt: Die Inhaltsstoffe des duftenden echten Thymians lösen den Schleim bei trockener Frühlingsluft, entspannen die Muskulatur, fördern die Durchblutung und wirken antibakteriell.

Hauptgericht oder Zwischenmahlzeit vegetarisch

Salzkartoffeln mit Gemüsequark

Für 4 Portionen

1 kg Kartoffeln, mittelgroß,
überwiegend festkochend

Salz

2 Möhren, mittelgroß

2 Stangen Staudensellerie

2 Tomaten, mittelgroß

1 Bund Schnittlauch

500 g Quark

3–4 EL Sahne

1 Prise Paprikapulver, edelsüß

Thermische Eigenschaften

kalt | **kühl** | **neutral** | *warm* | *heiß*

1 Die Kartoffeln in reichlich Salzwasser gar kochen, abgießen und warm halten.

2 In der Kochzeit der Kartoffeln die Möhren waschen, putzen und auf der Rohkostreibe raspeln. Den Sellerie waschen und putzen, von harten Fasern befreien und in dünne Scheiben schneiden. Die Tomaten waschen, die grünen Stielansätze entfernen und das Fruchtfleisch klein würfeln. Den gewaschenen Schnittlauch in feine Röllchen schneiden.

3 Den Quark mit den Möhren, dem Sellerie, den Tomaten und der Sahne verrühren. Mit Salz und Paprikapulver abschmecken, in eine Servierschüssel füllen und mit dem Schnittlauch bestreuen. Dazu die gegarten Kartoffeln reichen.

Zubereitungszeit: ca. 45 Minuten

Beilage

Dinkelbratlinge

Für 6 Portionen

400 g Dinkel

¼ l Gemüsebrühe

200 g Möhren

2 Zwiebeln in Würfeln

2 Bund Schnittlauch in Röllchen

3 Eier

400 g Magerquark

50 g Grieß

Salz

schwarzer Pfeffer aus der Mühle

100 g Butter

Thermische Eigenschaften

kalt | **kühl** | **neutral** | *warm* | *heiß*

1 Den Dinkel ca. 12 Stunden (am besten über Nacht) in kaltem Wasser einweichen.

2 Am nächsten Tag die Gemüsebrühe ins Einweichwasser geben und den Dinkel etwa 1 ½ Stunden kochen.

3 In den letzten 20 Minuten die gewaschenen und geputzten ganzen Möhren mitgaren. Herausnehmen, abtropfen lassen und fein würfeln.

4 Den Dinkel mit Möhren- und Zwiebelwürfeln, Schnittlauchröllchen, Eiern, Quark und Grieß vermengen. Mit Salz und Pfeffer abschmecken. Die Masse 10 bis 15 Minuten quellen lassen.

5 Abgießen und gut abtropfen lassen. Aus der Masse 8 bis 10 Bratlinge formen, in heißer Butter von jeder Seite 3 bis 4 Minuten knusprig braten.

Zubereitungszeit: ca. 12 Stunden Einweichzeit + ca. 140 Minuten

Hauptgericht vegetarisch

Sommergemüse mit Spinatsalat und Senfcreme

1 Frühlingszwiebeln waschen, putzen und der Länge nach halbieren. Die Möhren waschen, putzen und der Länge nach vierteln. Den Fenchel waschen, putzen und in Achtel schneiden.

2 Den Spinat verlesen, von den dickeren Stielen befreien und unter kaltem Wasser abwaschen. Gut abtropfen lassen und auf 4 Teller verteilen. Die Zitrone unter heißem Wasser abwaschen, die Hälfte der Schale dünn abschneiden und fein hacken. Die Zitrone auspressen. Die Petersilie waschen und trockenschütteln, die Blättchen abzupfen und fein wiegen. Zitronenschale und Petersilie über den Spinat streuen und die Teller beiseite stellen.

3 Für die Senfcreme das Toastbrot in der Gemüsebrühe einweichen. Zusammen mit dem Öl im Mixer fein pürieren. Senfkörner und Crème fraîche untermischen. Die Sauce mit 1 ½ Esslöffel Zitronensaft, Salz, Pfeffer und Koriander abschmecken.

4 In einem Topf Wasser (Boden ca. 5 Zentimeter bedeckt) zum Kochen bringen, etwas Salz hinzufügen und Frühlingszwiebeln, Möhren und Fenchel im zugedeckten Topf bissfest garen. Das Gemüse herausnehmen, abtropfen lassen und auf dem Spinat anrichten. Die Senfcreme darüber verteilen und warm servieren.

Zubereitungszeit: ca. 60 Minuten

Für 4 Portionen

1 Bund Frühlingszwiebeln
4 Möhren
1 Fenchelknolle
120 g Blattspinat
1 Zitrone, unbehandelt
1 Bund Petersilie
1 Scheibe Vollkorntoast
5–6 EL Gemüsebrühe
2 EL Olivenöl
2 TL Senfkörner
2 EL Crème fraîche
Salz
schwarzer Pfeffer aus der Mühle
1 Prise Koriander, gemahlen

Thermische Eigenschaften
kalt | *kühl* | **neutral** | **warm** | *heiß*

Info Sport im Freien und Gartenarbeit beanspruchen die Muskeln im Frühling und Sommer auf besondere Weise. Um Muskelverhärtungen bei ungewohnter Tätigkeit vorzubeugen, kommt Calcium fluoratum D12 zum Einsatz. Man nimmt 3-mal täglich 1 Tablette. Vor allem Beschwerden in Schultern und Oberarmen werden dadurch gelindert.

Hauptgericht

Eurasisches Hähnchen

Für 4 Portionen

500 g Kartoffeln, klein, festkochend

1 TL Kreuzkümmel

4 Frühlingszwiebeln

1 Stück Ingwer, frisch, walnussgroß

4 EL Olivenöl

1 EL Sesamöl

500 g Sauerkraut, frisch

2 Gewürznelken

1 EL Currypulver

1 EL Zucker, braun

400–500 ml Gemüsefond aus dem Glas

400–500 g Hähnchenbrustfilet

Salz

weißer Pfeffer aus der Mühle

2 EL Butter

1 EL Mehl

⅛ l Weißwein, trocken

¼ l Milch

50 g Gouda, gerieben

Thermische Eigenschaften

kalt | **kühl** | **neutral** | *warm* | *heiß*

1 Kartoffeln mit dem Kreuzkümmel in einen Topf mit reichlich Wasser geben und gar kochen, abgießen und beiseite stellen.

2 Inzwischen die Frühlingszwiebeln waschen, putzen und in Ringe schneiden. Den Ingwer schälen und klein hacken.

3 In einem Topf 2 Esslöffel Olivenöl und das Sesamöl erhitzen, die Zwiebelringe darin andünsten. Ingwer, ausgedrücktes Sauerkraut, Gewürznelken, ½ Esslöffel Currypulver, Zucker und den Gemüsefond dazugeben und alles bei geringer Hitze ca. 45 Minuten köcheln.

4 Das gewaschene und trockengetupfte Hähnchenfleisch in feine Scheiben schneiden. In einer Pfanne das restliche Olivenöl erhitzen und das Fleisch darin 3 bis 4 Minuten braten, mit Salz und Pfeffer würzen, schließlich herausheben.

5 In der Pfanne 1 Esslöffel Butter zerlassen und das Mehl einrühren. Jetzt unter kräftigem Rühren Wein und Milch dazugießen. Die Sauce 5 Minuten köcheln, vom Herd nehmen und mit dem restlichen Currypulver würzen. Die gegarten Kartoffeln schälen und halbieren.

6 Den Backofen auf 200 °C (Gas Stufe 3–4, Umluft 180 °C) vorheizen. Eine große Auflaufform mit der restlichen Butter einfetten, lagenweise Sauerkraut, Kartoffeln und Hähnchenfleisch einschichten. Die Sauce darüber gießen und mit dem geriebenen Käse bestreuen, in den Backofen auf die mittlere Schiene schieben. Das Gericht ist fertig, wenn es nach ca. 30 Minuten goldgelb überbräunt ist.

Zubereitungszeit: ca. 90 Minuten

Tipp Wie zu allen Gerichten mit Sauerkraut passt auch zum eurasischen Hähnchen ein frischer, trockener Weißwein besonders gut.

Hauptgericht

Frühlingshuhn mit Bambussprossen

1. Hühnerbrustfilets unter fließendem Wasser abwaschen, trockentupfen. Die Bambussprossen in einem Sieb abtropfen lassen und fein schneiden.

2. Die halbe Paprikaschote waschen, putzen und in feine Streifen schneiden. Basilikum waschen und die Blätter abzupfen.

3. 5 Esslöffel Kokosmilch (vom dicken Anteil) abschöpfen und in einem weiten Topf köcheln. Die Currypaste unterrühren und alles gut 1 Minute weiterköcheln.

4. Hühnerbrustfilets einlegen, Bambussprossen, Fisch- oder Sojasauce, Zucker, die übrige Kokosmilch und einige Esslöffel Wasser zugeben und alles bei geringer Hitze weiterköcheln, bis die Filets gar sind.

5. Die Filets in einer vorgewärmten flachen Schüssel anrichten, mit Paprikastreifen und Basilikum garnieren. Je nach Geschmack auf dem Teller leicht salzen.

Zubereitungszeit: ca. 35 Minuten

Für 4 Portionen

4 Hühnerbrustfilets (400–500 g)

1 Dose oder 1 Glas Bambussprossen (ca. 500 g)

½ Paprikaschote, gelb oder rot

1 Bund Basilikum

1 Dose Kokosmilch (400 ml)

3 TL Currypaste, grün (Gang Keow Wan; aus dem Asialaden)

4 EL Fischsauce (Nam Pla; aus dem Asialaden) oder helle Sojasauce

2–3 EL Zucker

Salz

Thermische Eigenschaften

kalt | **kühl** | **neutral** | **warm** | *heiß*

Paprikaschoten und Kokos –
ein Genuss für Auge und Gaumen!

Hauptgericht

Kaninchenbraten in Sauerrahm mit Nelken

1 Das Kaninchen mit Salz und Pfeffer würzen und in einen Bräter legen. Die Zwiebel abziehen und fein hacken, das Suppengrün waschen, putzen und klein schneiden. Die Gewürznelken in einem Mörser zerreiben oder gemahlene verwenden.

2 Zwiebel, Nelken und Suppengrün im Bräter um das Fleisch herum verteilen und den Zitronensaft hinzufügen. Das Butterschmalz erhitzen und über das Fleisch gießen.

3 Das Kaninchen zugedeckt in den kalten Backofen schieben (untere Schiene) und bei 180 °C (Gas Stufe 2–3, Umluft 160 °C) etwa 40 Minuten braten.

4 Den Kalbsfond mit Sauerrahm, Wein und Mehl verrühren und damit im Lauf des weiteren Bratvorgangs von 45 bis 55 Minuten das Kaninchen 4- bis 5-mal übergießen.

5 Den Backofen auf 200 °C hochschalten (Gas Stufe 3–4, Umluft 180 °C) und den Braten unbedeckt in ca. 10 bis 15 Minuten knusprig garen.

6 Inzwischen die Kräuter waschen, trockenschütteln und mit einem Wiegemesser zerkleinern.

7 Den Braten aus dem Ofen nehmen und zerteilen (Rücken und Keulen). Die Filets aus dem Rücken lösen und aufschneiden.

8 Kaninchenfleisch und mitgeschmortes Gemüse auf einer vorgewärmten Platte anrichten. Die Bratensauce aus dem Bräter mit den Kräutern mischen und über das Fleisch gießen.

Zubereitungszeit: ca. 140 Minuten

Für 4–6 Portionen

1 Kaninchen, frisch oder aufgetaut, küchenfertig (ca. 1800 g)

Salz

schwarzer Pfeffer aus der Mühle

1 Zwiebel, mittelgroß

1 Bund Suppengrün

½ EL Gewürznelken

1 Spritzer Zitronensaft

3 EL Butterschmalz

¼ l Kalbsfond aus dem Glas

200 g Sauerrahm

5 EL Weißwein, trocken

1 TL Mehl

1 Bund Kräuter der Saison, gemischt (z. B. Schnittlauch, Kerbel, Dill, Sauerampfer, Estragon)

Thermische Eigenschaften

kalt | **kühl** | **neutral** | *warm* | *heiß*

Info Bei Rückenschmerzen empfiehlt sich ein ansteigendes Schüßler-Fußbad mit den Salzen Nr. 2, Calcium phosphoricum D6, Nr. 5, Kalium phosphoricum D6, und Nr. 7, Magnesium phosphoricum D6. Danach mit der Schüßler-Salbe Nr. 7, Magnesium phosphoricum, eincremen, warme Wollsocken anziehen und 20 bis 30 Minuten entspannt ruhen.

Der knusprige Kaninchenbraten mit zartem Grün passt ganz besonders gut zu Frühling und beginnendem Sommer.

Dessert

Erdbeer-Rhabarber-Kompott

Für 4 Portionen

2 Blatt Gelatine, weiß
2 Stangen Rhabarber
2 EL Zucker
1 Vanilleschote
Saft von 1 Orange, unbehandelt
400 g Erdbeeren
1 EL Puderzucker
1 EL abgeriebene Schale von
1 Orange, unbehandelt
(alternativ: 1 TL Orangenlikör,
z. B. Grand Marnier)
einige Blättchen Zitronenmelisse

Thermische Eigenschaften
kalt | *kühl* | *neutral* | *warm* | *heiß*

1 Die Gelatine gemäß Packungsanweisung in kaltem Wasser einweichen.

2 Den Rhabarber waschen, putzen, in 2 Zentimeter lange Stücke schneiden, in einen Topf geben und mit dem Zucker mischen. Vanilleschote längs aufschneiden, das Mark mit einem Messer herausschaben und zusammen mit dem Orangensaft zum Rhabarber geben. Aufkochen und etwa 2 Minuten köcheln.

3 Die Gelatine ausdrücken, langsam im heißen Kompott auflösen und alles abkühlen lassen.

4 Die Erdbeeren waschen, abtropfen lassen und putzen, große Beeren halbieren. Mit Puderzucker und Orangenschale (-likör) vorsichtig mischen und etwas durchziehen lassen.

5 Kompott und Erdbeeren auf großen Tellern anrichten und mit der Zitronenmelisse verzieren.

Zubereitungszeit: ca. 35 Minuten

Dessert

Blinis mit Heidelbeeren

Für 4 Portionen

130 g Buchweizenmehl
2 EL Zucker
1 Prise Salz
abgeriebene Schale von ¼ Limette,
unbehandelt
15 g Frischhefe
¼ l Milch, lauwarm
2 Eigelbe
500 g Heidelbeeren
4 EL Portwein
1 EL Honig
1 Spritzer Zitronensaft
4 EL Butter
einige Blättchen Zitronenmelisse

Thermische Eigenschaften
kalt | *kühl* | *neutral* | *warm* | *heiß*

1 Mehl, Zucker, Salz und Limettenschale in einer Schüssel vermengen. In die Mitte eine Mulde drücken. Die Hefe hineinbröseln, mit 4 Esslöffel Milch und etwas Mehl vom Rand verrühren. Zugedeckt ca. 10 Minuten gehen lassen.

2 Die restliche Milch und Eigelbe in die Schüssel geben und alles glatt rühren. Warm stellen und zugedeckt weitere 20 Minuten gehen lassen.

3 Heidelbeeren waschen, abtropfen lassen. Portwein mit Honig und Zitronensaft verrühren, über die Beeren gießen. 15 Minuten durchziehen lassen.

4 Die Butter portionsweise in einer Pfanne erhitzen und aus dem Teig dünne Pfannkuchen backen. Aus der Pfanne nehmen, mit den Heidelbeeren füllen, aufrollen und mit Zitronenmelisse garnieren.

Zubereitungszeit: ca. 65 Minuten

Zitronenmelisse ist bei diesem Dessert ein wunderschöner Kontrapunkt in Geschmack und Farbe. Hier kommt sie besser zur Geltung als in den meisten Salaten. Der Nachtisch schmeckt übrigens auch mit frischer Minze.

Rezepte für den Holztyp im Herbst und Winter

Suppe

Kürbiscremesuppe mit Apfel-Chili-Sauce

Für 4 Portionen

Für die Suppe

850 g Kürbisfleisch
(z. B. Muskatkürbis)

1 EL Butter

½ l Geflügelfond (Fertigprodukt oder
nach Grundrezept auf
Seite 60 zubereitet)

weißer Pfeffer aus der Mühle

200 g Sahne

einige Blätter Basilikum, frisch

Für die Sauce

1 Stange Lauch

2 Äpfel, säuerlich

2 Zwiebeln, mittelgroß

1 EL Olivenöl

1 Chilischote, rot

1 EL Zucker

5 EL Weißweinessig

Salz

1 Prise Kreuzkümmelpulver

1 Prise Gewürznelkenpulver

Thermische Eigenschaften

kalt | kühl | neutral | **warm** | **heiß**

1 Kürbisfleisch klein schneiden und in einem großen Topf in der heißen Butter andünsten. Mit Geflügelfond ablöschen, mit Pfeffer würzen und zugedeckt ca. 15 Minuten köcheln.

2 In der Zwischenzeit für die Sauce den Lauch waschen, putzen und in feine Ringe schneiden. Die gewaschenen Äpfel schälen, halbieren, das Kerngehäuse entfernen. Zwiebeln abziehen. Äpfel und Zwiebeln klein würfeln und im heißen Olivenöl andünsten. Die Chilischote halbieren, entkernen, klein schneiden, zu den Äpfeln und Zwiebeln geben. Mit Zucker, Essig, Salz, Kreuzkümmel und Nelke würzen. 5 bis 6 Esslöffel Wasser und den Lauch dazugeben und das Ganze ca. 30 Minuten bei geringer Hitze schmoren.

3 Den gegarten Kürbis cremig pürieren. Die Sahne steif schlagen und unter die Suppe ziehen. Mit Basilikum garnieren und mit der Apfel-Chili-Sauce servieren.

Zubereitungszeit: ca. 50 Minuten

Info Den Typbogen für das Holzelement mit seinen Charakteristika und Eigenschaften finden Sie auf Seite 18ff.

Zur Kürbiscremesuppe mit Apfel-Chili-Sauce passt ein junger, nicht zu schwerer Rotwein sehr gut.

Suppe

Grünkernsuppe

Für 4 Portionen

1 Zwiebel, mittelgroß, fein gehackt
1 EL Distelöl
1–2 Möhren, geraspelt
1 Stange Lauch, klein geschnitten
½ Sellerieknolle, geraspelt
4–6 EL Grünkernschrot
Salz
weißer Pfeffer aus der Mühle

Thermische Eigenschaften

kalt | kühl | neutral | **warm** | heiß

1 Zwiebel im heißen Öl in einem großen Topf leicht anbräunen, 1 ½ bis 2 Liter Wasser angießen, das Gemüse dazugeben und etwa 15 Minuten garen.

2 Den Grünkernschrot einstreuen und 10 Minuten ziehen lassen. Die Suppe mit Salz und Pfeffer abschmecken.

Zubereitungszeit: ca. 30 Minuten

Suppe

Kürbis-Gemüse-Eintopf

Für 4 Portionen

1 Zwiebel, groß
600 g Kürbisfleisch
(z. B. Muskatkürbis)
1 Paprikaschote, grün
300 g Tomaten
200 g Bohnen, grün
1 Maiskolben
2 Chilischoten, rot
6 EL Olivenöl
1 Knoblauchzehe
0,4 l Geflügelfond (Fertigprodukt oder nach Rezept auf Seite 60 zubereitet)
Salz
schwarzer Pfeffer aus der Mühle

Thermische Eigenschaften

kalt | kühl | neutral | **warm** | heiß

1 Zwiebel abziehen und klein würfeln. Kürbisfleisch in ca. 2 Zentimeter große Würfel schneiden. Paprikaschote waschen, halbieren, das Weiße und die Kerne entfernen, würfeln. Tomaten überbrühen und häuten. Bohnen waschen, putzen und klein schneiden. Den Mais waschen, die Kerne mit einem scharfen Messer vom Kolben trennen. Chilischoten aufschlitzen, entkernen, waschen und fein hacken.

2 Olivenöl in einem großen Topf leicht erwärmen und die Zwiebel darin glasig anbraten. Knoblauch abziehen und dazupressen. Kürbisfleisch in den Topf geben und unter Rühren bei schwacher Hitze ca. 5 Minuten andünsten. Das übrige Gemüse dazufügen und gut unterrühren, dann den Fond angießen. Den Eintopf mit Salz und Pfeffer abschmecken und zugedeckt noch ca. 15 Minuten bei geringer Hitze köcheln.

Zubereitungszeit: ca. 45 Minuten

Suppe

Weizengrießnockerln in Gemüsebrühe

1 Zwiebelscheiben in einem hohen Topf im heißen Öl kurz anbräunen, mit 2 Litern Wasser aufgießen und das vorbereitete Gemüse darin etwa 30 Minuten garen, dann abseihen. Die Brühe mit Salz und Pfeffer abschmecken.

2 Für die Nockerln die schaumig gerührte Butter mit den Eiern und dem Weizengrieß vermischen, Muskatnuss dazugeben, die Petersilie unterziehen.

3 Gemüsebrühe zum Kochen bringen, mithilfe von 2 Teelöffeln Nockerln formen und vorsichtig in die kochende Brühe einlegen. Ca. 20 Minuten köcheln und danach weitere 10 Minuten ziehen lassen.

4 Vor dem Servieren mit Schnittlauch bestreuen.
   Zubereitungszeit: ca. 100 Minuten

Info Wer urplötzlich eine Erkältung mit Fieber und Benommenheit bekommt, sollte unbedingt zum Arzt gehen. Es könnte sich um eine Grippe handeln – damit ist nicht zu spaßen. Mit Schüßler-Salzen hat man eine Soforthilfe parat: Ferrum phosphoricum D12, den Entzündungshemmer. Alle 10 Minuten 1 Tablette im Mund zergehen lassen.

Für 4 Portionen

1 Zwiebel, mittelgroß, in Scheiben

1 EL Distelöl

1 Sellerieknolle, mit Blättern, gewürfelt und gehackt

1 Petersilienwurzel, gewürfelt

1–2 Möhren in Scheiben

2 Stangen Lauch in Ringen

2 Kartoffeln, gewürfelt

2 Tomaten, geviertelt

Salz

schwarzer Pfeffer aus der Mühle

Für die Nockerln

ca. 80 g Butter, weich

2 Eier

150 g Weizengrieß

2 EL Petersilie, frisch, fein gehackt

1 Prise Muskatnuss, frisch gerieben

2 EL Schnittlauch, frisch, in Röllchen

Thermische Eigenschaften

kalt | *kühl* | **neutral** | **warm** | *heiß*

Grundrezept

Geflügelfond

Für 1 Liter Fond auf Vorrat

1 kg Geflügelklein
(Flügel, Hals, Magen, Herz)
1 Knollensellerie
1 Möhre
½ Stange Lauch
1 Zwiebel
2 Lorbeerblätter
2 Gewürznelken
1 Bund Suppengrün
1 Zweig Thymian
⅛ l Weißwein, trocken
3 TL Salz

Thermische Eigenschaften

*kalt | kühl | neutral | **warm** | heiß*

1 Geflügelklein unter fließendem kaltem Wasser abspülen und abtropfen lassen. Knollensellerie und Möhre waschen und schälen, vom Lauch die Außenblätter entfernen, Wurzelende und dunkles Grün abschneiden, die Stange längs halbieren, gründlich waschen und abtropfen lassen. Das Gemüse klein schneiden. Zwiebel abziehen, Lorbeerblätter und Gewürznelken in die Zwiebel spicken.

2 Geflügelklein und Gemüse mit dem gewaschenen Suppengrün, Thymian, Weißwein, 2 Liter Wasser und Salz in einen hohen Topf geben und ohne Deckel langsam zum Kochen bringen. Den Fond bei geringer Hitze in ca. 2 ½ Stunden ohne Deckel bis auf etwa 1 Liter Flüssigkeit einkochen, währenddessen immer wieder mit einer Schaumkelle abschäumen.

3 Den Fond durch ein Sieb abgießen.
Zubereitungszeit: ca. 170 Minuten

Info Der Geflügelfond kann zur späteren Verwendung auch eingefroren werden – das geschieht am besten portionsweise.

Hauptgericht vegetarisch

Gemüsepfanne mit frischen Kräutern

1 Butter oder Öl in einer großen Pfanne erhitzen. Knoblauch darin glasig braten. Das vorbereitete Gemüse und die abgetropften Bambussprossen je nach erforderlicher Garzeit (die Gurke erst zum Schluss) dazugeben und so lange bei mittlerer Hitze schmoren, bis alles bissfest gegart ist.

2 Mit Salz, Pfeffer, Muskatnuss und Paprikapulver abschmecken. Die Kräuter fein hacken und über das Gemüse streuen.

Zubereitungszeit: ca. 20 Minuten

Tipp **Zur Gemüsepfanne mit Kräutern passen Dinkelbratlinge (siehe Seite 48) oder frisches Baguette ganz besonders gut.**

Für 4 Portionen

1 EL Butter oder 2 EL Olivenöl

1 Knoblauchzehe, fein gehackt

1 Stange Lauch in Ringen

1 Kartoffel, mittelgroß, in Würfeln

1 ½ Paprikaschoten, grün, in feinen Streifen

½ Paprikaschote, rot, in feinen Streifen

500 g Tomaten, geachtelt

1 Möhre, grob geraspelt

1 Gurke, mittelgroß, in Würfeln

1 Glas Bambussprossen (250 g)

Salz

schwarzer Pfeffer aus der Mühle

1 Messerspitze Muskatnuss, frisch gemahlen

1 Prise Paprikapulver, edelsüß

1 Bund Dill, klein

etwas frischer Estragon und Rosmarin nach Geschmack

Thermische Eigenschaften

kalt | kühl | **neutral** | **warm** | heiß

Bunt und schön fürs Auge, energetisch warm, wie in der kühleren Jahreszeit vom Körper erwünscht. Kräuter und Gewürze stehen bereit, um die Gemüsepfanne bei Bedarf zusätzlich anzufeuern.

61

Hauptgericht vegetarisch

Lauchgratin unter der Tomatenhaube

Für 4 Portionen

4 Stangen Lauch, mittelgroß

1 Bund Petersilie

100 g Sahne

Salz

weißer Pfeffer aus der Mühle

1 Prise Cayennepfeffer

600 g Tomaten

3 Eier

90 g Vollkornbrot, altbacken, gerieben

80 g Parmesan, frisch gerieben

1 Bund Schnittlauch

Thermische Eigenschaften

kalt | kühl | **neutral** | **warm** | heiß

1 Lauch waschen, putzen und in feine Ringe schneiden. Die gewaschene und trockengeschüttelte Petersilie fein hacken. Beides mit der Sahne in einer feuerfesten Form vermengen und mit Salz, Pfeffer und Cayennepfeffer pikant würzen.

2 Tomaten überbrühen, häuten, die Stielansätze entfernen und das Fruchtfleisch fein würfeln. Die Eier trennen, Eigelbe mit Tomaten, Brot und Parmesan vermengen und mit Salz und Pfeffer würzen. Eiweiß mit 1 Prise Salz steif schlagen und vorsichtig unterheben.

3 Die Tomatenmasse gleichmäßig auf dem Lauch verteilen. Die feuerfeste Form auf den Rost im Backofen (unterste Schiene) stellen. Das Gratin bei 200 °C (Gas Stufe 3–4, Umluft 180 °C) ca. 40 bis 50 Minuten garen, bis seine Oberfläche leicht gebräunt ist.

4 Kurz vor Ende der Garzeit den Schnittlauch in feine Röllchen schneiden. Das Gratin vor dem Servieren damit bestreuen.

Zubereitungszeit: ca. 75 Minuten

Info **Kalte Füße können vielfältige Ursachen haben. Sie sollten es einmal damit probieren: jeden Morgen (bei Bedarf auch zusätzlich abends) eine »Heiße Sieben« trinken. Dazu lösen Sie 5 bis 10 Tabletten vom Schüßler-Salz Nr. 7, Magnesium phosphoricum D6, in 1 Tasse heißem Wasser auf und trinken diese Mischung möglichst heiß.**

Hauptgericht

Hähncheneintopf mit Kuskus

Für 4–6 Portionen

4 EL Olivenöl

2 Zwiebeln, mittelgroß, gehackt

1 Paprikaschote, gelb,
in feinen Streifen

3 Tomaten, enthäutet, geviertelt

2 Chilischoten, rot, fein geschnitten

400 g Möhren, geviertelt

2 Zucchini, klein, in Scheiben
geschnitten

150 g Prinzessbohnen, gewaschen
und geputzt

1 TL Korianderpulver

1 TL Kreuzkümmelpulver

Salz

schwarzer Pfeffer aus der Mühle

1 ½ kg Hähnchenteile

250 g Kichererbsen aus der Dose,
abgetropft

400 g Kuskus

25 g Butter, gewürfelt

2 EL Tomatenmark

½–1 TL Chilipaste (Harissa)

1 Olivenöl in einem großen Topf langsam erhitzen. Zwiebeln, Paprikaschote, Tomaten und Chilischoten darin ca. 5 Minuten dünsten. Möhren, Zucchini und Bohnen unterrühren. Mit Koriander, Kreuzkümmel, Salz und Pfeffer würzen. Die Hähnchenteile einlegen und gut ½ Liter heißes Wasser zugießen. Alles etwa 20 Minuten köcheln.

2 Die Kichererbsen dazugeben und den Eintopf weitere 25 bis 30 Minuten köcheln.

3 In der Zwischenzeit den Kuskus in einer Schüssel mit kaltem Wasser einweichen. Vorsichtig mit einem Holzlöffel umrühren, um Klümpchen zu lösen, dann durch ein Holz- oder Plastiksieb abgießen und abtropfen lassen. Kuskus in einen Topf mit Dämpfeinsatz geben – eventuell mit Musselin (alternativ: Stoffserviette) auslegen, damit die feinen Körnchen nicht durchfallen. 15 bis 20 Minuten dämpfen. Kuskus nach Wunsch abschmecken, die Butterwürfel darüber geben.

4 Für eine scharfe Sauce Tomatenmark und Harissapaste mit etwas Flüssigkeit des Eintopfs mischen. Den Hähncheneintopf mit Kuskus servieren, die Sauce separat reichen.

Zubereitungszeit: ca. 75 Minuten

Thermische Eigenschaften
kalt | kühl | neutral | **warm** *|* **heiß**

Info Kuskus ist ein wichtiges Nahrungsmittel der arabischen Küche. Er besteht aus zerriebenem Hartweizengrieß, Gerste oder Hirse. Kuskus wird nicht gekocht, sondern gedämpft. Dadurch ergibt er keinen Brei, sondern eine lockere Beilage.

Hauptgericht

Hähnchenschenkel mit Kartoffeln vom Blech

1 Die Hähnchenschenkel bereits am Vortag waschen und trockentupfen. Auf dem Backblech mit der Haut nach unten gruppieren. Mit Olivenöl bestreichen und mit Kräutern der Provence würzen. Die Schenkel umdrehen, sodass die Haut oben ist, mit Öl einpinseln und reichlich Hähnchengewürz auf das Fleisch geben. Immer wieder mit Öl bestreichen und eventuell nachwürzen. Das restliche Öl und den Wein auf das Blech gießen und die Gewürzzweige dazugeben. Abdecken und über Nacht im Kühlen durchziehen lassen.

2 Am nächsten Tag die Kartoffeln waschen, trockentupfen und achteln. Auf dem Blech mit den Gewürzzweigen gruppieren. Die Tomatenscheiben dazwischenlegen. Alles mehrfach reichlich mit Marinade satt bepinseln. Zwiebel und den Knoblauch dazuordnen.

3 Den Backofen auf 180 °C (Gas Stufe 2–3, Umluft 160 °C) vorheizen und die Hähnchenschenkel auf der mittleren Schiene backen, bis sie gar und knusprig sind. Mit den Kartoffeln und Tomaten anrichten. Beim Essen gegebenenfalls mit Salz und Pfeffer abschmecken.

Zubereitungszeit: ca. 12 Stunden Marinierzeit + 45 Minuten

Info **Wenn es eilt, können die Hähnchenschenkel auch ohne Marinieren über Nacht zubereitet werden. Das Fleisch schmeckt dann allerdings etwas weniger aromatisch.**

Für 4 Portionen

4–6 Hähnchenschenkel
4–6 EL Olivenöl
Kräuter der Provence, getrocknet
Hähnchengewürz
⅛ l Weißwein, trocken
2 Zweige Rosmarin
1 Zweig Thymian
8 Kartoffeln, mittelgroß
4 Tomaten in Scheiben
1 Zwiebel in Ringen
3 Knoblauchzehen in Scheiben
Salz
schwarzer Pfeffer aus der Mühle

Thermische Eigenschaften
kalt | *kühl* | *neutral* | **warm** | *heiß*

Einfach zuzubereiten und mithilfe einer Marinade ausgesprochen raffiniert abzuschmecken: Hähnchenschenkel einmal ganz anders, vom Blech, mit Kräutern und Gemüse reichlich garniert.

Hauptgericht

Gepökelte Kaninchensülze mit Tomaten-Kräuter-Vinaigrette

Für 4–6 Portionen

4 Kaninchenkeulen

Für die Pökellauge

1 ½ l Wasser

75 g Salz

50 g Zucker

3 Lorbeerblätter

3 Gewürznelken

3 Zweige Thymian, frisch

15 Pfefferkörner, schwarz

30 Korianderkörner

15 Wacholderbeeren

3 Knoblauchzehen, in der Schale angedrückt

Für die Sülze

5 Wacholderbeeren

3 Lorbeerblätter

8 Pfefferkörner, schwarz

3 Gewürznelken

5 Pimentkörner

80 g Möhren in Würfeln

80 g Staudensellerie in Würfeln

1 Chilischote, frisch

3 Knoblauchzehen, in der Schale angedrückt

▸▸

1 Die Kaninchenkeulen unter fließendem Wasser gründlich waschen und trockentupfen.

2 Für die Pökellauge alle Zutaten mit 1 ½ Litern Wasser verrühren, die Kaninchenkeulen einlegen, mit Klarsichtfolie abdecken und 8 bis 10 Tage kühl stellen.

3 Nach dieser Zeit das Kaninchenfleisch aus der Pökellauge nehmen und mit kaltem Wasser abspülen. Die Keulen in einem großen Topf mit 1 ¼ Litern kaltem Wasser ansetzen, aufkochen und den dabei entstehenden Schaum abschöpfen. Wacholderbeeren, Lorbeerblätter, Pfefferkörner, Gewürznelken, Pimentkörner, Möhren- und Selleriewürfel, Chilischote, Knoblauch, Thymian- und Petersilienzweige sowie Zwiebelhälften dazugeben und bei geringer Hitze ca. 50 Minuten köcheln.

4 Die Keulen herausnehmen, auskühlen lassen und von der Haut sowie den Knochen lösen. Das Fleisch klein zupfen und mit der gehackten Petersilie vermengen. Die Gelatine in etwas kaltem Wasser einweichen. ¼ der Flüssigkeit aus dem Kochtopf abnehmen und mit Salz, Essig, Majoran, Cayennepfeffer und Muskatnuss pikant würzen. Die ausgedrückte Gelatine im heißen Fond auflösen und etwas abkühlen lassen.

5 Das Fleisch in eine mit Frischhaltefolie ausgelegte Form schichten. Dabei jede Schicht fest in die Form drücken, mit etwas Fond begießen, wieder eine Schicht Fleisch auflegen und so fortfahren, bis die Zutaten gleichmäßig in der Form verteilt sind. Mit Fond abschließen, die Form mit Klarsichtfolie abdecken und über Nacht kühl stellen. ▸▸

6   Für die Vinaigrette die gewaschenen Tomaten vom Stielansatz befreien, kreuzförmig einschneiden, mit kochendem Wasser überbrühen, kalt abschrecken, enthäuten, vierteln, entkernen und in kleine Würfel schneiden. Koriander und Basilikum fein hacken. Olivenöl mit Zucker und 1 Prise Salz kräftig verrühren. Tomaten, Schalotten und Knoblauch zugeben. Mit den gehackten Kräutern, Kapern und Zitronensaft verfeinern.

7   Die Kaninchensülze aus der Form nehmen, vorsichtig stürzen, portionsweise auf Tellern verteilen und mit der Tomaten-Kräuter-Vinaigrette beträufeln. Mit grob gemahlenem Pfeffer bestreut servieren.

Zubereitungszeit: 8–10 Tage Pökelzeit
+ ca. 12 Stunden Kühlzeit + 120 Minuten

Tipp   Zu diesem außergewöhnlichen Rezept schmecken Sprossensalat oder Pfifferlinge, Kressesalat und ganz traditionell Bratkartoffeln oder andere Bratlinge aller Art.

Info   Die Kaninchensülze sieht nach sehr viel Arbeit aus. In Wirklichkeit ist aber vor allem »Wartezeit« erforderlich. Und die lohnt sich!

2 Thymianzweige, frisch
2 Petersilienzweige, frisch
1 Zwiebel, halbiert
1 ½ Bund Petersilie, glatt, gehackt
1 Blatt Gelatine
Salz
1 Schuss Weißweinessig
etwas Majoran, getrocknet
etwas Cayennepfeffer
etwas Muskatnuss, frisch gerieben
Für die Vinaigrette
180 g Tomaten
½ Bund Koriander, frisch
8 Blätter Basilikum, frisch
80 ml Olivenöl
2 Prisen Zucker
Salz
70 g Schalottenwürfel
1 Knoblauchzehe, klein gehackt
2 TL Kapern, gehackt
Saft von 1 Zitrone, unbehandelt
schwarzer Pfeffer aus der Mühle
Außerdem
Frischhaltefolie

Thermische Eigenschaften
kalt | *kühl* | **neutral** | *warm* | *heiß*

Hauptgericht

Basilikumsuppe mit Ziegenleber

Für die Suppe

1 Zwiebel, gewürfelt

30 g Butter

3 EL Noilly Prat

1 l Geflügelfond (Fertigprodukt oder nach Grundrezept auf Seite 60 zubereitet)

50 g Sahne

2 Bund Basilikum

60 g Pinien- oder Zedernusskerne, leicht geröstet

2 EL Crème fraîche

1 Knoblauchzehe

1 Prise Chilipulver

1 Spritzer Zitronensaft

weißer Pfeffer aus der Mühle

Salz

Für die Leber

400 g Ziegenleber

etwas Mehl

1 Zweig Rosmarin

2–3 EL Olivenöl

Salz

weißer Pfeffer aus der Mühle

etwas Koriander, gemahlen

Thermische Eigenschaften

kalt | kühl | neutral | **warm** | heiß

1 Für die Suppe die Zwiebel in einem hohen Topf in der heißen Butter anschwitzen, mit Noilly Prat ablöschen, reduzieren und mit dem Geflügelfond auffüllen. Zur Hälfte einkochen, die Sahne hinzufügen. Basilikumblätter, Pinien- oder Zedernusskerne, Crème fraîche, die abgezogene und klein gehackte Knoblauchzehe und Chilipulver in die Suppe geben und diese mit einem Handmixer kräftig durchmixen. Mit Zitronensaft, Pfeffer und Salz abschmecken. Durch ein Sieb passieren und die Suppe warm halten.

2 Die Ziegenleber mit kaltem Wasser abspülen, abtropfen lassen und ganz leicht mit Mehl bestäuben, sodass sich beim Braten eine leicht knusprige Schicht bilden kann. Dann ungewürzt zusammen mit einem Rosmarinzweig in einer Pfanne im heißen Olivenöl auf jeder Seite etwa 3 bis 4 Minuten braten. Die Leber aufschneiden, mit Salz, Pfeffer und etwas Koriander würzen.

3 Zusammen mit der Basilikumsuppe rasch servieren.

Zubereitungszeit: ca. 45 Minuten

Info **Leber sollte möglichst schnell aus der Pfanne auf den Tisch. Die Suppe muss also fertig sein, bevor die Leber in die Pfanne kommt. Außerdem: Leber wird erst beim Essen gewürzt – nicht im rohen Zustand salzen und pfeffern, sie wird sonst zäh und hart.**

Hauptgericht

Kraut und Fleisch fränkisch

1 Knöchla in ca. 1 ½ Litern gesalzenem Wasser im Dampfkochtopf garen. Je nach Geschmack einige Pfefferkörner, Wacholderbeeren und 1 Lorbeerblatt dazufügen (nicht in der Zutatenliste enthalten!). Gut 1 Stunde Garzeit veranschlagen. Das Fleisch im Topf warm halten, die Brühe zum Kochen des Sauerkrauts verwenden.

2 Schmalz in einem weiten Topf zerlassen, Zwiebelringe und Apfelscheiben glasig darin andünsten (nicht braten!). Hitze reduzieren und das Sauerkraut in den Topf schichten – abwechselnd eine lockere Lage Kraut und ein wenig von den Gewürzen. Auf die mittlere Schicht das Bauchfleisch legen. Der Topf sollte am Ende zu etwa ¾ gefüllt sein. Mit ⅓ des Weins oder Sekts veredeln. Obenauf die Butter geben.

3 Das Kraut sehr langsam ca. 1 bis 1 ½ Stunden köcheln – es muss quasi »reifen«. Dabei darauf achten, dass immer genug Sud im Topf ist – etwa 1 Fingerbreit unter dem Kraut ist optimal. Nicht umrühren: Die Bodenschicht aus Zwiebel, Apfel und Fett verhindert zuverlässig das Anbrennen des Krauts.

4 Ca. 15 Minuten vor dem Servieren den restlichen Wein oder Sekt ins Kraut geben und weiterköcheln. In die oberste Krautschicht eine kleine Mulde für die Blut- und Leberwürste sowie die Stadtwurst schieben. Die Würste zum Teil mit Kraut bedecken, die Kochstelle abschalten. Das Kraut darf nicht mehr kochen, damit die Würste nicht platzen!

5 Das Knöchla mit einem scharfen Messer (oder Elektromesser, falls zur Hand) fein aufschneiden und warm halten. Die Würste aus dem Krauttopf nehmen, das Kraut in eine ausreichend große (Keramik-)Schüssel umfüllen. Die jetzt sichtbar werdenden Zwiebelringe und Apfelscheiben vorsichtig unter das Kraut ziehen, die Würste wieder auflegen und die dampfende Schüssel auftragen. Das Knöchla auf einem separaten Holzbrett servieren.

Zubereitungszeit: 140 Minuten

Für 4–6 Portionen

1 Knöchla (fränkische frische Schweinshaxe)

2 EL Schweineschmalz (alternativ: Gänse- oder Butterschmalz)

2 Zwiebeln, mittelgroß, in Ringen

1 Apfel, säuerlich, in halben Scheiben

800–1000 g Sauerkraut, frisch

6 Wacholderbeeren

3 Lorbeerblätter

1 El Kümmel, ganz

6 Pfefferkörner, schwarz

1 Scheibe Räucherbündchen (fränkisches Bauchfleisch)

¼ l Silvaner, trocken (alternativ: 1 Piccolo Frankensekt, trocken)

1 TL Butter

je 3 Blut- und Leberwürste

1 Zipfel Nürnberger Stadtwurst

Thermische Eigenschaften

*kalt | kühl | neutral | **warm** | heiß*

Tipp **Zu Kraut und Fleisch gibt es Senf, Meerrettich, Pellkartoffeln, rohe Klöße oder dunkles Bauernbrot. Getrunken wird leichter Silvaner oder frisches Bier, zum Abschluss ein Zwetschgenschnaps. Und später ist ein Spaziergang zu empfehlen.**

Rezepte für den Feuertyp im Frühling und Sommer

Suppe

Ländlicher Kartoffeleintopf

Für 4 Portionen

2 Scheiben Graubrot
1 Sellerieknolle, klein
3 Möhren
700 g Kartoffeln
1 Stange Lauch
1 Zwiebel in Würfeln
20 g Butter
Majoran, getrocknet
schwarzer Pfeffer aus der Mühle
Salz
4 EL Sauerrahm

Thermische Eigenschaften
kalt | kühl | **neutral** | warm | heiß

1 Graubrotscheiben in Würfel schneiden, in einer Pfanne ohne Fettzugabe rösten, bis sie zu duften beginnen.

2 Gemüse waschen und putzen. Sellerie, Möhren und Kartoffeln raspeln, Lauch fein schneiden.

3 In der in einem großen Topf erhitzten Butter zunächst Sellerie, Möhren, Lauch und Zwiebel andünsten. Dann die Kartoffeln dazugeben. Mit etwa 1 ½ Litern Wasser aufgießen, das Gemüse aufkochen und in ca. 25 Minuten bissfest garen.

4 Mit reichlich Majoran, Pfeffer und Salz abschmecken. Jede Suppenportion mit 1 Esslöffel Sauerrahm und einigen gerösteten Brotwürfeln garnieren und heiß servieren.
Zubereitungszeit: ca. 65 Minuten

Zwischenmahlzeit

Blutwurst mit Aprikosen und Quittengelee

Für 1 Portion

1 Blutwurst, mittelgroß, frisch oder geräuchert
1 TL Schweineschmalz
1 Zwiebel, klein
2 Aprikosen
(alternativ: 1 säuerlicher Apfel)
2 TL Quittengelee

Thermische Eigenschaften
kalt | kühl | **neutral** | warm | heiß

1 Die Blutwurst enthäuten und klein schneiden. In einer Pfanne das Schmalz erhitzen und die abgezogene, gehackte Zwiebel leicht anbräunen.

2 Die gewaschenen, entsteinten und klein geschnittenen Aprikosen dazugeben und die Blutwurst darunter mischen. Bei geringer Hitze braten, dabei mehrfach wenden und heiß mit dem Quittengelee servieren.
Zubereitungszeit: ca. 15 Minuten

Info Der Feuertyp schätzt Bitteres wie beispielsweise Espresso, Pils, Bitterlikör, grünen Tee oder Löwenzahnsalat. Das ist gut so: Bitteres regt die Verdauung an und ist ein guter Fatburner.

Vorspeise oder Zwischenmahlzeit

Bunter Chicoréesalat

1 Zedernuss- oder Pinienkerne in einer Pfanne ohne Fettzugabe rösten, bis sie zu duften beginnen. Auf einen Teller geben und auskühlen lassen.

2 Chicorée waschen, eventuell die äußeren Blätter entfernen, Strünke keilförmig herausschneiden, Sprossen in etwa 1 Zentimeter breite Streifen schneiden.

3 Die Mandarinen schälen und zerteilen, alles Weiße sehr sorgfältig entfernen. In einer Schüssel vorsichtig mit den Chicoréestreifen vermischen.

4 Ein Dressing aus Sesamöl, Himbeeressig, Zitronensaft, Sahne, Salz und Pfeffer zubereiten. Über den Salat geben und diesen gut durchziehen lassen.

5 Vor dem Servieren mit den gerösteten Zedernuss- oder Pinienkernen bestreuen.
Zubereitungszeit: ca. 20 Minuten

Für 4 Portionen

50 g Zedernuss- oder Pinienkerne
3–4 Chicorée
4 Mandarinen
6 EL Sesamöl
4 EL Himbeeressig
1 Spritzer Zitronensaft
100 g Sahne
Salz
weißer Pfeffer aus der Mühle

Thermische Eigenschaften
kalt | **kühl** | **neutral** | **warm** | *heiß*

Gedünstet oder wie hier als knackiger vitaminreicher Salat: Chicorée hat Saison von September bis Mai. Jedoch ist das Gemüse mit seinen wertvollen Bitterstoffen ganzjährig im Handel.

Kleines Hauptgericht vegetarisch

Haferbratlinge mit Pilzen und Zucchini

Für 4 Portionen
250 g Haferflocken, mittelfein
150 g Pilze, frisch
1 Zwiebel
10 g Butter
Salz
1 Prise Muskatnuss, gerieben
1 Prise Paprikapulver, edelsüß
1–2 EL Butterschmalz
2 Zucchini
2 EL Olivenöl
1 Bund Kräuter der Saison, klein gehackt

Thermische Eigenschaften
kalt | kühl | **neutral** | **warm** | *heiß*

1 Haferflocken mit ca. 375 Millilitern kaltem Wasser anfeuchten und 1 Stunde quellen lassen.

2 Pilze putzen, klein schneiden, Zwiebel abziehen und fein hacken, beides in einer Pfanne in der heißen Butter in ca. 15 Minuten weich dünsten.

3 Haferflocken abgießen und mit der Pilz-Zwiebel-Mischung vermengen. Salz und Gewürze zugeben, die Masse gut durchkneten und Bratlinge formen. In einer Pfanne im heißen Butterschmalz auf beiden Seiten hellbraun ausbacken und warm stellen.

4 Zucchini waschen, putzen und halbieren, die Hälften in nicht zu dicke Scheiben schneiden. Im heißen Öl dünsten, mit Kräutern und Salz abschmecken und zu den Bratlingen servieren.

Zubereitungszeit: ca. 60 Minuten Quellzeit + ca. 90 Minuten

Hauptgericht

Spargel mit Kartoffelpüree und Schinken

Für 4 Portionen
1 kg Spargel, weiß
Salz
1 Prise Zucker
750 g Kartoffeln, überwiegend festkochend
1 EL Butter, zerlassen
3 EL Sauerrahm
250 g Schinken, gekocht, in Streifen geschnitten
Eigelbe von 3 hartgekochten Eiern

Thermische Eigenschaften
kalt | kühl | **neutral** | *warm* | *heiß*

1 Spargel unter fließendem Wasser waschen, abtropfen lassen und schälen. In reichlich sprudelnd kochendem Wasser mit etwas Salz und Zucker in ca. 20 Minuten bissfest garen, abgießen und warm stellen.

2 Gewaschene Kartoffeln kochen und abgießen, schälen, zerdrücken und mit Butter und Sauerrahm zu einem groben Püree verschlagen.

3 Das Püree in eine vorgewärmte Schüssel geben, den Schinken darüber verteilen und den Spargel darauflegen. Die Eigelbe durch ein Sieb drücken, über den Spargel streuen und das Gericht rasch servieren.

Zubereitungszeit: ca. 45 Minuten

 **Zum Spargel passen ein knackiger grüner Salat mit einer Kräutervinaigrette und ein leichter trockener Weißwein besonders gut.**

Hauptgericht

Buchweizenrisotto

1 Das gesalzene Wasser oder die Brühe zum Kochen bringen. In der Zwischenzeit Suppengrün und Möhre waschen, putzen, im Ganzen in die Flüssigkeit geben, Lorbeerblatt hinzufügen und alles ca. 10 bis 15 Minuten zugedeckt köcheln.

2 Für den Risotto die abgezogenen Zwiebeln und die Knoblauchzehe klein schneiden, in der Hälfte von Butter oder Öl in einem Topf leicht anbräunen. Mit Wein ablöschen. Den Buchweizen dazugeben, unter Rühren kurz mitdünsten. Jetzt immer so viel von der Brühe zugeben, dass der Buchweizen gerade bedeckt ist. Erst wenn die Flüssigkeit aufgenommen ist, erneut Brühe zugießen. Den Risotto unter häufigem Rühren im offenen Topf bei mittlerer Hitze garen (ca. 30 Minuten), bis die Flüssigkeit verdampft ist.

3 Restliche Butter in Flocken oder restliches Öl dazugeben, untermischen und auf der ausgeschalteten Kochstelle noch 4 bis 5 Minuten ziehen lassen. Mit Pfeffer und Salz abschmecken, mit Paprikapulver bestreuen und mit Sahne und Basilikum garnieren.

Zubereitungszeit: ca. 60 Minuten

 **Zum Buchweizenrisotto passt ein Rote-Bete-Salat besonders gut.**

Für 4 Portionen

1 l Wasser, Fleisch- oder Geflügelbrühe

1 Bund Suppengrün

1 Möhre

1 Lorbeerblatt

3 Zwiebeln

1 Knoblauchzehe

4 TL Butter oder Olivenöl

1 Glas Weißwein, trocken

250 g Buchweizen

weißer Pfeffer aus der Mühle

Salz

etwas Paprikapulver, edelsüß

1 EL Sahne

einige Blättchen Basilikum, frisch

Thermische Eigenschaften
kalt | *kühl* | **neutral** | *warm* | *heiß*

Hauptgericht

Ravioli mit Spinat-Ricotta-Füllung

1 Mehle mischen, sieben und zu einem Kegel aufschütten. Nach und nach mit Ricotta, Eigelb und Salz zu einem gleichmäßigen Teig verarbeiten und gut durchkneten. Abdecken und etwa 1 Stunde ruhen lassen.

2 In der Zwischenzeit die Füllung zubereiten: Den Spinat waschen, verlesen und nur mit dem Wasser, das an den Blättern haften bleibt, wenn er sauber ist, in einen Topf geben und kurz erhitzen, bis er zusammenfällt. Dann herausheben, gut abtropfen lassen, ausdrücken und anschließend pürieren. Alternativ den Tiefkühlspinat erwärmen und pürieren.

3 Zwiebel und Knoblauch abziehen und fein hacken. Die Butter in einer Pfanne erhitzen. Zwiebel und Knoblauch darin glasig dünsten, salzen und pfeffern. Den pürierten Spinat hinzufügen und einige Minuten mitdünsten. Mit Salz, Pfeffer und Muskatnuss abschmecken und mit Mehl bestäuben. Vom Herd nehmen und abkühlen lassen.

4 Den Teig in 6 Portionen teilen und diese nacheinander sehr dünn ausrollen. Die noch nicht benötigten Teigrollen bis zum Gebrauch in Frischhaltefolie wickeln, damit sie nicht trocken werden. Die Streifen auf ca. 10 mal 20 Zentimeter zurechtschneiden. Etwas Füllung auf die obere Hälfte der Teigfläche geben, die andere Hälfte darüber klappen und sorgfältig festdrücken. Die fertigen Ravioli immer sofort mit einem Leinentuch abdecken.

5 Eine Pfanne oder Fritteuse zu 1 ½ bis 2 ½ Zentimeter mit Öl befüllen, dieses auf 180 bis 190 °C erhitzen (am Holzlöffel sollten Bläschen aufsteigen) und die Ravioli portionsweise ausbacken, herausnehmen und gut abtropfen lassen.
Zubereitungszeit: ca. 60 Minuten Ruhezeit für den Teig + ca. 30 Minuten

Für 6 Portionen
Für die Ravioli
300 g Roggenmehl
200 g Weizenmehl
250 g Ricotta
1 Eigelb
Salz
Rapsöl zum Ausbacken
Für die Füllung
1 kg frischer oder 300 g TK-Spinat
1 Zwiebel, klein
1–2 Knoblauchzehen
50 g Butter
Salz
weißer Pfeffer aus der Mühle
1 Prise Muskatnuss, frisch gerieben
etwas Mehl zum Überstäuben
Außerdem
Frischhaltefolie

Thermische Eigenschaften
kalt | kühl | **neutral** *| warm | heiß*

Tipp **Zu den Roggenravioli schmecken ein knackiger Blattsalat der Saison und eine Apfelschorle oder ein Pils.**

Ravioli selbst herzustellen macht zwar etwas Arbeit, aber das Ergebnis schmeckt unvergleichlich gut!

Hauptgericht

Spargel mit Kalbsklößchen und Gemüse

Für 4 Portionen

1 kg Spargel, grün oder weiß

Salz

1 Prise Zucker

½ EL + 150 g Butter

200–250 g Möhren, jung

100 g Erbsen, grün

5 EL Sahne

4 Scheiben Weißbrot

1 Tasse Milch

500 g Kalbfleisch

100 g Schinken, gekocht, fein geschnitten

2 TL Kerbel, frisch, fein gehackt

schwarzer Pfeffer aus der Mühle

1 Prise Muskatnuss, frisch gerieben

Thermische Eigenschaften

kalt | kühl | **neutral** | warm | heiß

1 Spargel unter fließendem Wasser waschen, abtropfen lassen und von den Köpfen her schälen (den weißen großzügiger als den grünen). Zusammen mit dem Abgeschälten und etwas Salz, Zucker und Butter in wenig Wasser gar dünsten, abgießen und warm stellen.

2 Die Möhren waschen, putzen und zusammen mit den gewaschenen Erbsen in wenig Salzwasser garen. Abgießen, 50 Gramm Butter und die leicht geschlagene Sahne darunter mischen, warm stellen. Das Weißbrot entrinden und in der Milch einweichen.

3 Das Kalbfleisch durch die feine Scheibe des Fleischwolfs drehen – oder dies beim Metzger erledigen lassen. Mit dem gut eingedickten und zerpflückten Brot, Schinken und Kerbel zu einem geschmeidigen Teig verkneten. Mit Salz, Pfeffer und Muskatnuss abschmecken. Klößchenweise mit einem Löffel abstechen und in einer Pfanne in der nicht zu heißen restlichen Butter braten (5 bis 8 Minuten).

4 Herausnehmen, warm stellen, die restliche Butter abgießen, den Bratfond mit 1 Schuss Wasser ablöschen und lösen, etwas einköcheln lassen.

5 Die Klößchen mit dem Gemüse anrichten, den Bratfond über die Klößchen träufeln.

Zubereitungszeit: ca. 60 Minuten

 **Zum Spargel mit Kalbsklößchen können Sie frischen fränkischen Silvaner reichen.**

Hauptgericht

Kalbskoteletts mit Ofensellerie

Für 4 Portionen
4 Kalbskoteletts (à ca. 250 g)
4 EL Sonnenblumen- oder Olivenöl
Saft von ½ Zitrone, unbehandelt
1 Zwiebel in Ringen
2 Sellerieknollen, mittelgroß
2 EL Butterschmalz
Salz
schwarzer Pfeffer aus der Mühle
etwas Majoran, getrocknet
½ Möhre
2 Scheiben Speck
2 Sellerieblätter mit Stängel
200 g Sauerrahm

1 Die Koteletts nicht oder nur ganz leicht klopfen, in eine Marinade aus Öl und Zitronensaft einlegen und mit der Hälfte der Zwiebelringe bedecken, abdecken und ca. 2 Stunden im Kühlschrank durchziehen lassen, dabei mehrfach wenden.

2 Sellerie waschen, putzen und in ca. 1 Zentimeter dicke Scheiben schneiden. Die Hälfte des Butterschmalzes in einer backofengeeigneten Bratpfanne (oder Bräter) mit Deckel erhitzen. Die Selleriescheiben zusammen mit der anderen Hälfte der Zwiebel kurz scharf anbraten, wenden und mit etwas Salz, Pfeffer und Majoran abschmecken. Die gewaschene und geputzte Möhre in dünne Scheiben schneiden, auf den Sellerie legen. Speckscheiben und Selleriestängel mit Blättern auflegen, alles mit dem Sauerrahm aufgießen und zudecken. Bei 150 °C (Gas Stufe 1, Umluft 130 °C) etwa 15 bis 20 Minuten im Backofen garen.

3 Inzwischen den Rest des Butterschmalzes zusammen mit den zum Marinieren des Fleisches verwendeten Zwiebelringen in einer Pfanne erhitzen, bis das Fett zu rauchen beginnt. Koteletts einlegen und auf jeder Seite ca. 2 Minuten anbraten. Beim Wenden die Marinade dazugeben. Jetzt die Kochstelle auf die kleinste Stufe stellen und noch ein paar Minuten rosa durchziehen lassen.

4 Auf heißen Tellern die Selleriescheiben und Koteletts anrichten und diese erst jetzt leicht salzen und pfeffern.

Zubereitungszeit: ca. 120 Minuten Marinierzeit + ca. 40 Minuten

Thermische Eigenschaften
kalt | *kühl* | **neutral** | *warm* | *heiß*

Tipp **Zu den Kalbskoteletts passen warmer Toast, frisches Baguette oder bissfest gegarte Nudeln; als leckerer Tropfen eignet sich ein trockener Silvaner aus Franken besonders gut.**

Hauptgericht

Grillspieße mit Rind-, Schweine- und Lammfleisch

150 g Schweinefilet, pariert
(von Sehnen/Haut befreit und
zurechtgeschnitten)

150 g Rinderfilet, pariert

150 g Lammfilet, pariert

100 g Speck, roh geräuchert,
durchwachsen

1 Zwiebel, weiß (ca. 80 g)

16 Lorbeerblätter, frisch

Für die Marinade

7 EL Olivenöl

½ TL schwarzer Pfeffer,
grob zerstoßen

2 Zweige Thymian

1 Zweig Rosmarin

1 Spritzer Weißwein, trocken
(alternativ: Zitronensaft)

2 Lorbeerblätter

10 Salbeiblätter, frisch

1 Knoblauchzehe

50 g Schalotten

Außerdem

4 Metallspieße

Thermische Eigenschaften
kalt | *kühl* | **neutral** | *warm* | *heiß*

1 Alle Fleischsorten waschen, trockentupfen und in gleich große Würfel mit etwa 2 bis 3 Zentimeter Kantenlänge schneiden.

2 Für die Marinade das Olivenöl in eine längliche Schüssel gießen, den Pfeffer dazugeben. Von den Thymianzweigen die Blättchen und vom Rosmarinzweig die Nadeln abstreifen, zusammen mit den Lorbeer- und Salbeiblättern in die Schüssel legen. Knoblauch und Schalotten abziehen und in kleine Würfel schneiden. Mit den Kräutern in der Schüssel vermischen und die Filetstücke darin wenden. Fleisch in der Marinade über Nacht zugedeckt im Kühlschrank durchziehen lassen, eventuell gelegentlich wenden.

3 Den Speck in ½ Zentimeter dicke Scheiben schneiden, dann quer in 3 Zentimeter breite Streifen. Die Zwiebel abziehen, vierteln und in die einzelnen Schichten zerteilen.

4 Zum Fertigstellen der Spieße das Fleisch aus der Marinade nehmen, abtropfen lassen, die Scheiben zusammenklappen (für ein leichteres Aufstecken) und abwechselnd mit 1 Stück Speck, den frischen Lorbeerblättern und den Zwiebelstücken auf die Metallspieße schieben.

5 Den Grill vorheizen und die Spieße ca. 6 bis 8 Minuten grillen. Dabei immer wieder mit der Marinade beträufeln.
Zubereitungszeit: ca. 12 Stunden Marinierzeit + ca. 45 Minuten

Tipp **Zu den Grillspießen passen besonders gut ein knackiger Salat der Saison, Rösti aus rohen Kartoffeln und ein frisches Pils.**

Besonders lecker schmecken die Grillspieße durch die Kombination aus saftigem Schweine-, Rind- und Lammfleisch.

Hauptgericht

Schweinefilet in Artischocken

Für 4 Portionen

4 Artischocken

Saft von 1 Zitrone, unbehandelt

Salz

weißer Pfeffer aus der Mühle

30 g Butter

30 g Mehl

¼ l Fleischbouillon

300 g Schweinefilet

1 Ei

4 Räucherspeckscheiben, dünn

2 EL Olivenöl

1 Glas Weißwein, trocken

je 1 Zweig Rosmarin und Thymian

Thermische Eigenschaften

*kalt | kühl | **neutral** | warm | heiß*

1 Artischocken waschen und die Stiele glatt abschneiden oder abbrechen. Beim Abbrechen lösen sich bereits harte Fasern vom Blütenboden. Die unteren harten Blätter vom Blütenboden entfernen bzw. abschneiden. Dann mit einem Messer die oberen Blattspitzen abschneiden (große Artischocken werden so um 1 bis 2 Drittel gestutzt), die seitlichen Blattspitzen ebenfalls abschneiden. Schnittstellen mit etwas Zitronensaft beträufeln, um ein zu starkes Verfärben zu verhindern. In leicht gesalzenem Wasser mit Zitronensaft bei mittlerer Hitze in ca. 35 Minuten garen.

2 Zum Abtropfen in ein Sieb legen. Das »Heu« (Samenfäden) auf dem Artischockenboden mit einem Löffel entfernen. Die Artischocken innen salzen und pfeffern.

3 Für eine helle Mehlschwitze in einem kleinen Topf die Butter schmelzen und unter kräftigem Rühren nach und nach das Mehl zugeben, mit Bouillon ablöschen, eindicken und abkühlen lassen.

4 Das gewaschene, trockengetupfte und fein zerkleinerte Schweinefilet mit der Sauce, dem geschlagenen Ei, Salz und Pfeffer vermischen, in die Artischocken füllen und mit je 1 Scheibe Speck belegen.

5 Das Olivenöl in einen großen Topf geben, die Artischocken hineinlegen und kurz dünsten, mit Weißwein ablöschen. Im geschlossenen Topf zugedeckt zusammen mit den Kräutern 10 Minuten garen.

Zubereitungszeit: ca. 90 Minuten

Tipp **Zum Schweinefilet passen warmer Toast oder frisches Baguette besonders gut – und ein trockener Weißwein!**

80

Hauptgericht

Gegrillte Kräuterlammsteaks

1 Das Fleisch auslösen, den Fettrand belassen (der Lammrücken sollte etwa 600 Gramm zubereitungsfertiges Fleisch ergeben), das Fleisch waschen und trockentupfen. Die Knoblauchzehen abziehen, zerdrücken und alle Fleischseiten damit einreiben. Mit Salz und Pfeffer würzen. Das Fleisch mit der Fettseite nach außen aufrollen und mit 8 einzelnen Stücken Küchengarn zusammenbinden. Die Rolle in 8 etwa 1,5 Zentimeter dicke Scheiben schneiden (jede wird von 1 Garnstück zusammengehalten).

2 Für die Marinade die Zwiebel abziehen und in feine Ringe, den abgezogenen Knoblauch in dünne Scheiben schneiden. Die Chilischoten vom Stielansatz befreien, vierteln, Samen und Scheidewände entfernen. Die Kräuterzweige in kleine Stücke schneiden und mit Zwiebel, Knoblauch, Pfeffer und Chilischoten in eine flache Form geben. Die Fleischscheiben einlegen, das Öl und den Wein darüber gießen und zugedeckt im Kühlschrank ca. 4 Stunden durchziehen lassen.

3 Zum Grillen die Lammrückenscheiben aus der Marinade nehmen, abtropfen lassen und auf dem vorgeheizten Grill (oder in der Grillpfanne) von jeder Seite 3 bis 4 Minuten grillen. Wenn es den gewünschten Garpunkt erreicht hat, das Fleisch salzen, pfeffern und servieren.

Zubereitungszeit: ca. 4 Stunden Marinierzeit + ca. 35 Minuten

Tipp **Sie können auch 8 Lammkoteletts über Nacht in eine Marinade aus 10 schwarzen Pfefferkörnern, ⅛ l Weißweinessig, ¼ l Weißwein, 4 EL Honig, 1 TL Dijonsenf, einigen Salbei- und Basilikumblättern, 3 Knoblauchzehen, 6 Wacholderbeeren und 3 Gewürznelken einlegen und am nächsten Tag grillen.**

Für 4 Portionen
Für das Grillfleisch
1,2 kg Lammrücken
2 Knoblauchzehen
Salz
schwarzer Pfeffer aus der Mühle
Für die Marinade
1 Zwiebel (ca. 80 g)
2 Knoblauchzehen
3 Chilischoten, grün
1 Zweig Rosmarin
2 Zweige Thymian
2 TL schwarzer Pfeffer, grob zerstoßen
⅛ l Olivenöl
1 Schuss Weißwein, trocken
Außerdem
Küchengarn

Thermische Eigenschaften
kalt | *kühl* | *neutral* | **warm** | **heiß**

Dessert

Aprikosencreme mit Himbeersauce

Für 4 Portionen

400 g Aprikosen

1 TL Honig

2 Eier

60 g Zucker

1 EL Speisestärke

300 g Himbeeren, frisch

eventuell 4 Kugeln Vanilleeis

Thermische Eigenschaften

*kalt | kühl | **neutral** | 9 | heiß*

1 Die Aprikosen nach dem Waschen zerteilen, entsteinen und das Fruchtfleisch in kleine Stücke schneiden. Mit etwas Wasser und dem Honig ca. 15 Minuten dünsten, anschließend alles mit dem Mixer oder Pürierstab zu Mus verarbeiten.

2 Eier trennen und das Eiweiß steif schlagen. Die beiden Eigelbe mit dem Zucker zu einer dicklichen Masse verquirlen, die möglichst cremig sein sollte. Die in wenig Wasser aufgelöste Speisestärke dazugeben, alles kräftig verquirlen, anschließend die pürierten Aprikosen unterrühren.

3 Die Masse in einen Topf geben und unter ständigem Rühren aufkochen, bis sie dicklich wird. Dann sofort vom Herd nehmen und noch einen Moment weiterrühren, damit die Creme nicht am Topfboden anliegt.

4 Den Eischnee unter die noch heiße Aprikosencreme rühren. Wichtig ist, dass die Creme noch eine Weile kräftig weitergerührt wird. In eine Schüssel füllen und auskühlen lassen.

5 Einige besonders schöne Himbeeren als Dekoration beiseite legen. Die restlichen im Mixer pürieren, durch ein Sieb passieren und als Sauce zur kalten Aprikosencreme servieren. Nach Belieben kann man noch 1 Kugel Vanilleeis in jede Portion setzen.

Zubereitungszeit: ca. 60 Minuten

Info Der Feuertyp hat öfter unter Zungenbelag und Mundgeruch zu leiden. Natürlich muss nach den Ursachen geforscht werden, die z. B. in einer gestörten Verdauung liegen können. Häufig hilft Salz Nr. 5, Kalium phosphoricum D6. Man lässt alle 2 Stunden 1 Tablette unter der Zunge zergehen.

Ein schnell zubereitetes Dessert ist dieser Traum in flammendem Rot und Sonnengelb aus süßer Aprikosencreme mit köstlicher Himbeersauce.

Rezepte für den Feuertyp im Herbst und Winter

Frühstück

Porridge mit Backpflaumen

Für 4 Portionen

1 Prise Salz
160 g Haferflocken, grob
¼ l Milch, kalt
1 EL Zucker
1 Handvoll Backpflaumen, entsteint, eingeweicht

Thermische Eigenschaften

kalt | *kühl* | **neutral** | **warm** | *heiß*

1 1 Liter Wasser mit dem Salz aufkochen, die Haferflocken dazugeben und etwa 10 bis 15 Minuten bei geringer Hitze in der Flüssigkeit quellen lassen.

2 Den Brei auf Schälchen verteilen, kalte Milch darüber gießen, mit jeweils etwas Zucker bestreuen und die Backpflaumen untermischen.

Zubereitungszeit: ca. 25 Minuten

Info Hafer liegt dem Feuerelement besonders. Dieser Haferflockenbrei englischer Art am Morgen regt seine Lebensgeister so richtig an.

Frühstück

Blutwurst mit Speck und Apfel

Für 1 Portion

10 g Speck, durchwachsen, in Würfeln
½ Zwiebel in Würfeln
½ Apfel, säuerlich, in Würfeln
100 g Blutwurst, frisch oder geräuchert
etwas Majoran, gerebelt

Thermische Eigenschaften

kalt | *kühl* | **neutral** | *warm* | *heiß*

1 Speck- und Zwiebelwürfel in einer Pfanne langsam glasig anschwitzen, die Apfelwürfel dazugeben.

2 Die Blutwurst (frische Ware ausdrücken, geräucherte in dünne Scheiben schneiden) dazugeben, mit Majoran nach Geschmack bestreuen und einige Minuten unter ständigem Wenden langsam vor sich hingaren lassen.

Zubereitungszeit: ca. 15 Minuten

Info Den Typbogen für das Feuerelement mit seinen Charakteristika und Eigenschaften finden Sie auf Seite 22ff.

Zwischenmahlzeit

Aprikosenchutney mit Ziegenfrischkäse

1 Für das Chutney die Lake der Pfefferkörner abgießen und diese in einem Sieb abtropfen lassen. Die Aprikosen waschen, abtropfen lassen und über Kreuz einritzen. 20 bis 30 Sekunden in kochendem Wasser blanchieren, abschrecken und abtropfen lassen, häuten, halbieren und entsteinen. Die Aprikosenhälften in kleine Stücke schneiden. Weißwein mit 3 Esslöffel Wasser, Zucker und Pfefferkörnern in einem Topf unter Rühren aufkochen. Die Aprikosen hineingeben und bei mittlerer Hitze unter Rühren in 15 bis 20 Minuten dicklich einkochen, dann abkühlen lassen.

2 Für den Ziegenfrischkäse den Mohn in einer Pfanne ohne Fett leicht anrösten. Die halbe Pfefferschote der Länge nach aufschneiden, putzen und in feine Streifen schneiden. Den Honig mit Mohn und Pfefferstreifen vermengen. Den Ziegenkäse mit der Sahne vermengen, salzen und pfeffern.

3 Den Käse mit dem Chutney anrichten und mit der Honig-Mohn-Pfeffer-Mischung beträufeln.

Zubereitungszeit: ca. 45 Minuten

Für 4 Portionen

Für das Chutney

10 g Pfefferkörner, grün, in der Lake
200 g Aprikosen
3 EL Weißwein, trocken
20 g Zucker

Für den Ziegenfrischkäse

1 EL Mohnsaat
½ Pfefferschote, rot
1 EL Honig
200 g Ziegenfrischkäse
3 EL Sahne
Salz
weißer Pfeffer aus der Mühle

Thermische Eigenschaften
kalt | kühl | neutral | **warm** *| heiß*

Chutneys kommen ursprünglich vom eurasischen Subkontinent Indien. Die englischen Kolonialherren brachten sie mit nach Europa. Eine feine, würzige, manchmal pikante Sauce, die auch zu Obst und Gemüse ein Genuss ist.

Suppe

Herzhafte Haferflockensuppe

1 Zwiebeln abziehen und hacken. Die Möhren waschen, schälen und fein raspeln. Den Chinakohl putzen, waschen und in feine Streifen schneiden.

2 Sesamöl oder Butter in einer Pfanne erhitzen, die Zwiebeln leicht anbräunen, mit 1 ½ Litern heißem Wasser ablöschen. Möhren, Haferflocken, 1 Prise Salz und Pfeffer zugeben und etwa 10 Minuten bei geringer Hitze köcheln.

3 Die Suppe mit Sesamsauce würzen, den Chinakohl dazugeben und etwas durchziehen lassen. Vor dem Servieren mit Salz, Zitronensaft und Pfeffer abschmecken.
Zubereitungszeit: ca. 25 Minuten

Suppe

Pastinakensuppe mit Kreuzkümmel und Koriander

1 Pastinaken waschen, schälen und klein schneiden, mit Zitronensaft beträufeln.

2 Zwiebeln und Knoblauch abziehen und fein hacken. Das Öl in einem großen Topf erhitzen und beides darin andünsten. Koriander und Kreuzkümmel fein mahlen und darüberstreuen. Pastinaken, Gemüsebrühe und Milch dazugeben, mit Salz abschmecken. Die Suppe bei geringer Hitze etwa 20 Minuten köcheln.

3 Dazu je 1 Baguettebrötchen reichen.
Zubereitungszeit: ca. 40 Minuten

Info **Wenn es in der kalten Jahreszeit zu leicht erhöhter Temperatur kommt, alle 10 Minuten 1 Tablette Ferrum phosphoricum D12 im Mund zergehen lassen. Wenn das Fieber über 39 °C ansteigt, stattdessen Kalium phosphoricum D6 in gleicher Dosierung einnehmen.**

Salat

Lauwarmer bunter Salat

Für 4 Portionen

1 Fenchelknolle

3 EL Olivenöl

1 Scheibe Räucherschinken, fein geschnitten

½ Zwiebel

6 Cocktailtomaten

2 Chicorée

¼ Radicchio

½ Apfel, säuerlich

1 Blutorange

1 Spritzer Aceto balsamico

1 Prise Knoblauchsalz

schwarzer Pfeffer aus der Mühle

etwas Dill, frisch oder getrocknet

Thermische Eigenschaften

kalt | *kühl* | **neutral** | **warm** | *heiß*

1 Die Fenchelknolle waschen, putzen, den harten Grund der Knolle dabei ausschneiden, den Fenchel klein schneiden. In einer Pfanne 1 Esslöffel Olivenöl erwärmen und den Räucherschinken darin anschwitzen. Die abgezogene Zwiebel fein hacken und dazugeben. Den Fenchel ebenfalls in die Schwitze hineingeben und langsam bissfest garen.

2 Inzwischen das restliche Gemüse und Obst waschen, putzen und klein schneiden, den Orangensaft dabei auffangen. Alle Zutaten in einer großen Glasschüssel mischen und mit dem übrigen Olivenöl vermengen. Mit Aceto balsamico, Knoblauchsalz, Pfeffer und Dill abschmecken.

3 Den warmen Fenchel mit Zwiebel und Schinken auf dem Salat verteilen und rasch servieren.

Zubereitungszeit: ca. 35 Minuten

Tipp **Der lauwarme Salat ist als Vorspeise oder mit einem Vollkornbutterbrot auch als kleines Abendessen zu empfehlen.**

*Der Feuertyp liebt es bitter und rassig. Ziegenkäse zergeht
ihm auf der Zunge. In Äpfel gefüllt und bunt mit (bitterem)
Salat garniert, kann er ihn umso mehr genießen.*

Kleines Hauptgericht vegetarisch

Mit Ziegenkäse gefüllte Äpfel auf Salat

Für 4 Portionen

4 Äpfel, säuerlich (z. B. Boskop)

150 g Ziegenfrischkäse

100 g Quark

2 EL Emmentaler, gerieben

2 EL Zedernuss- oder Pinienkerne

1 Prise Kräutersalz

150 g Feldsalat

50 g Endiviensalat

2 EL Apfelessig

Salz

weißer Pfeffer aus der Mühle

4 EL Olivenöl

2 EL Schnittlauch in Röllchen

1 Die Äpfel waschen, halbieren und das Kerngehäuse weit ausschneiden. Den Ziegenfrischkäse zerdrücken und mit dem Quark vermengen. Emmentaler und Zedernuss- oder Pinienkerne hinzufügen. Mit Kräutersalz abschmecken. Die Käsemasse in die Apfelhälften füllen und diese im Backofen bei 220 °C (Gas Stufe 4–5, Umluft 200 °C) 15 bis 20 Minuten lang braten.

2 In der Zwischenzeit den Salat waschen, putzen und abtropfen lassen. Aus Apfelessig, Salz, Pfeffer und Olivenöl eine Sauce anrühren und mit dem Salat vermischen. Auf 4 Teller verteilen, je 2 Apfelhälften daraufsetzen und mit Schnittlauch bestreut servieren.

Zubereitungszeit: ca. 30 Minuten

Thermische Eigenschaften

*kalt | kühl | neutral | **warm** | heiß*

Info Bei Halsentzündung lässt man alle 5 Minuten 1 Tablette Ferrum phosphoricum D12 im Mund zergehen. Wenn die Mandeln besonders betroffen sind, nimmt man alle 5 Minuten 1 Tablette Kalium phosphoricum D6 ein.

Hauptgericht vegetarisch

Pastinakenauflauf mit Champignons

Für 4 Portionen

850 g Pastinaken

150 g Champignons

1–2 Knoblauchzehen, zerdrückt

100 g Butter

3 EL Sahne

3 Eigelbe

Salz

weißer Pfeffer aus der Mühle

5 Eiweiß

1 TL Butter

1 Die gewaschenen Pastinaken im Ganzen in reichlich Wasser kochen, bis sie gar sind.

2 In der Zwischenzeit die Pilze putzen und in Scheiben schneiden. Zusammen mit dem Knoblauch bei geringer Hitze in der Butter dünsten.

3 Pastinaken schälen und pürieren. Champignons und Knoblauch dazugeben, Sahne und Eigelbe untermischen und alles mit Salz und Pfeffer abschmecken. Eiweiß steif schlagen und unter die souffléartige Mischung heben. Diese in eine leicht gebutterte Auflaufform füllen. Im vorgeheizten Backofen bei 220 °C (Gas Stufe 4–5, Umluft 200 °C) ca. 25 Minuten backen, bis die Oberfläche des Auflaufs gebräunt ist, und heiß servieren.

Zubereitungszeit: ca. 75 Minuten

Thermische Eigenschaften

*kalt | kühl | **neutral** | warm | heiß*

89

Kleines Hauptgericht vegetarisch

Pastinakencreme mit Buchweizenbratlingen

Für 4 Portionen

250 g Buchweizen
¾ l Gemüsebrühe
1 Möhre
80 g Buchweizenmehl
⅛ l Milch
1 Ei
400 g Pastinaken
200 g Möhren
2 EL Weizenvollkornmehl
100 g Sahne
Salz
weißer Pfeffer aus der Mühle
1 Bund Petersilie
1 kleines Bund Schnittlauch
2–3 EL Rapsöl

Thermische Eigenschaften
kalt | *kühl* | *neutral* | *warm* | *heiß*

1 Buchweizen waschen und in einem großen Topf mit der Gemüsebrühe und 1 klein gehackten Möhre zum Kochen bringen und 5 Minuten weiterköcheln, beiseite stellen und 30 Minuten zugedeckt quellen lassen.

2 In der Zwischenzeit Buchweizenmehl, Milch und Ei gründlich miteinander verrühren und ebenfalls etwa 30 Minuten quellen lassen.

3 ¼ Liter der Gemüsebrühe abschöpfen. Die Buchweizenkörner mit der Möhre nach der Quellzeit in ein Sieb schütten und gut abtropfen lassen.

4 Die abgeschöpfte Gemüsebrühe zum Kochen bringen, die gewaschenen und geschälten Pastinaken sowie die gewaschenen und geraspelten Möhren ca. 10 Minuten darin garen. Das Gemüse mit dem Pürierstab fein pürieren. Das Mehl darüber streuen und gründlich einrühren, kurz aufkochen. Die Sahne dazugeben und unter Rühren die Creme etwas einkochen, mit Salz und Pfeffer abschmecken und die fein gehackte Petersilie untermengen.

5 Den Buchweizen mit den Möhrenstückchen aus dem Sieb nehmen und in die Mischung aus Mehl, Milch und Ei einrühren, mit Salz und Pfeffer abschmecken und mit dem fein geschnittenen Schnittlauch vermischen. Den Teig mit nassen Händen zu Bratlingen formen und in heißem Rapsöl in einer Pfanne knusprig ausbraten. Mit der Pastinakencreme rasch servieren.
Zubereitungszeit: ca. 90 Minuten

Info Lecker waren sie schon immer, aber als »Arme-Leute-Essen« abgestempelt. Heute entdecken Sterneköche die alten Gemüsesorten neu: Schwarzwurzeln, Steckrüben, Pastinaken. Die Wurzelgemüse enthalten wenig Kalorien, aber viele Ballaststoffe. Sie sättigen daher gut, ohne dick zu machen – sie helfen sogar beim Abnehmen.

Hauptgericht vegetarisch

Lasagne mit Champignons und Schafskäse

1. Die abgezogenen Zwiebeln hacken, in einer Pfanne in der erhitzten Butter glasig werden lassen. Die geputzten Champignons dazugeben und 10 bis 15 Minuten schmoren. Mit Salz, Pfeffer und Zitronensaft abschmecken. Vom Herd nehmen und den zerbröckelten Schafskäse dazugeben.

2. Die Tomaten mixen oder verrühren, mit Salz und Pfeffer würzen. Eine rechteckige Ofenform mit etwas Tomatensauce ausgießen, eine Schicht aus 6 Lasagnenudeln einlegen, die Hälfte der Champignon-Käse-Mischung darüber verteilen, dann ¼ der Tomatensauce darüber gießen, etwas Parmesan darüber streuen. Wieder eine Schicht aus 6 Lasagnenudeln auflegen und den Rest des Champignon-Käse-Gemischs darauf verteilen. ¼ der Tomatensauce darüber gießen, nochmals Parmesan darüber streuen. Nun die 3. Lage aus 6 Nudeln auflegen.

3. Die Sahne mit den Eiern verquirlen, mit Pfeffer und Muskatnuss würzen und über die Nudeln gießen. Den Rest der Tomatensauce darüber gießen, mit dem restlichen Parmesan bestreuen und ca. 30 Minuten im Backofen bei 200 °C (Gas Stufe 3–4, Umluft 180 °C) goldgelb überbacken.

Zubereitungszeit: ca. 75 Minuten

Info Wer zu häufigem Husten neigt, sollte vor allem in den Übergangszeiten vorbeugend Schüßler-Salze einnehmen. Empfehlung: 6-mal täglich 1 Tablette Kalium chloratum D6. Bei den ersten Anzeichen für beginnenden Husten erhöht man die Dosis auf 6-mal täglich 2 Tabletten und alle 15 Minuten 1 Tablette Ferrum phosphoricum D12.

Für 4 Portionen

2 Zwiebeln
etwas Butter
250 g Champignons
Salz
weißer Pfeffer aus der Mühle
1 Spritzer Zitronensaft
200 g Schafskäse
2 Dosen Schältomaten (à 250 g)
18 Lasagnenudeln
2 EL Parmesan, frisch gerieben
250 g Sahne
2 Eier
1 Prise Muskatnuss, frisch gerieben

Thermische Eigenschaften
kalt | *kühl* | **neutral** | *warm* | *heiß*

Hauptgericht

Grüne-Bohnen-Auflauf
mit Hackfleisch und Schafskäse

Für 4 Portionen

500 g Bohnen, grün

300 g Paprikaschoten, rot und gelb

3 Zweige Bohnenkraut (alternativ:
1 EL Bohnenkraut, gerebelt)

2 EL Olivenöl

Salz

schwarzer Pfeffer aus der Mühle

400 g Hackfleisch, gemischt

30 g Mehl

30 g Butter

¼ l Milch

1 Prise Muskatnuss, frisch gerieben

3 EL Sahne

150 g Crème fraîche

2 Eier

2 Knoblauchzehen

1 EL gehackte Petersilie,
frisch oder TK-Ware

200 g Schafskäse

Thermische Eigenschaften

kalt | kühl | **neutral** | **warm** | heiß

1 Bohnen waschen, putzen, eventuell Fäden abziehen, in 2 bis 3 Zentimeter große Stücke schneiden. Paprikaschoten waschen, putzen und in kleine Würfel schneiden. Die Bohnen in 1 Esslöffel Öl andünsten, das Bohnenkraut dazugeben, die Paprikawürfel untermischen und alles mit Salz und Pfeffer abschmecken. Das Gemüse aus der Pfanne nehmen und beiseite stellen.

2 Das Hackfleisch in 1 Esslöffel Öl anbraten, dann Bohnen und Paprikawürfel dazugeben.

3 Das Mehl in der zerlassenen Butter anschwitzen, die Milch dazugießen und kräftig umrühren. Mit Muskatnuss und Salz abschmecken. Sahne und Crème fraîche mit den Eiern verquirlen. Den abgezogenen Knoblauch zerdrücken, etwas zum Ausreiben der Auflaufform übrig behalten, die Petersilie und den Schafskäse darunter mischen. Gemüse und Fleisch mit der Käsemasse vermischen und nochmals abschmecken.

4 Den Auflauf in eine gefettete und mit etwas Knoblauch eingeriebene feuerfeste Form geben und im Backofen bei 220 °C (Gas Stufe 4–5, Umluft 200 °C) ca. 45 Minuten garen.
Zubereitungszeit: ca. 90 Minuten

 Zum Bohnenauflauf reicht man frisches Baguette oder auch Vollkornfladenbrot.

Die kraftvollen Farben des Herbstes: Glück gehabt und noch frische, grüne Bohnen ergattert. Die weißen Häubchen des Schafskäses krönen rote und gelbe Paprikaschoten. Der würzige Hackfleischduft vom Grund der Auflaufform steigt verführerisch in die Nase.

Hauptgericht vegetarisch

Amaranthgratin mit Lauch

Für 4 Portionen

150 g Amaranth

1 EL + 1 TL Butter

300 ml Milch

etwas Sojasauce, hell

schwarzer Pfeffer aus der Mühle

etwas Muskatnuss, frisch gerieben

200 g Lauch in Ringen

150 g Mozzarella

Thermische Eigenschaften

kalt | kühl | neutral | **warm** | heiß

1 Amaranth in einem Topf in der zerlassenen Butter anbraten, die Milch angießen, mit Sojasauce, Pfeffer und Muskatnuss abschmecken. 10 Minuten bei geringer Hitze quellen lassen.

2 Lauchringe mit 1 kleinen Schuss Wasser in einen Topf geben, garen und abgießen. Den Amaranth in eine gebutterte Auflaufform geben, mit den Lauchringen bedecken und mit Sojasauce, Pfeffer und Muskatnuss würzen. Den Mozzarella in Würfel schneiden und auf den Lauchringen verteilen. Die Form in den auf 220 °C vorgeheizten Backofen (Gas Stufe 4–5, Umluft 200 °C) schieben (mittlere Schiene), 15 bis 20 Minuten gratinieren und heiß servieren.

Zubereitungszeit: ca. 50 Minuten

Info Amaranth, eine glutenfreie Körnerfrucht aus Asien, Nord- und Südamerika, ist der Hirse ähnlich. Er schmeckt im Müsli oder gekocht als Beilage. Gemahlen werden daraus Brot und Gebäck hergestellt. Oder eben schmackhafte Gratins.

Hauptgericht vegetarisch

Rosenkohlgratin mit Ziegenkäse

Für 4 Portionen

1 kg Rosenkohl

Salz

4 Scheiben Roggenvollkorn- oder Mehrkornbrot

100 g Ziegenkäse

1 EL Butterschmalz

schwarzer Pfeffer aus der Mühle

1 Prise Muskatnuss, frisch gerieben

2 EL Crème fraîche

Thermische Eigenschaften

kalt | kühl | **neutral** | **warm** | heiß

1 Rosenkohl putzen, am Strunk über Kreuz einritzen und waschen. In Salzwasser 15 Minuten garen, abgießen und abtropfen lassen.

2 Das Brot in kleine Würfel schneiden und in einer heißen Pfanne ohne Fett leicht anrösten. Den Käse reiben und mit den Brotwürfeln vermischen.

3 Eine Auflaufform mit Butterschmalz ausfetten und den Rosenkohl einlegen. Mit Salz, Pfeffer und Muskatnuss würzen. Crème fraîche mit einem Messer auf den Rosenkohlköpfchen verteilen, die Brot-Käse-Mischung darüber geben. Auf der mittleren Schiene im Backofen bei 220 °C (Gas Stufe 4–5, Umluft 200 °C) überbacken, bis der Käse leicht gebräunt ist.

Zubereitungszeit: ca. 55 Minuten

Hauptgericht

Ziegenbraten mit grünen Bohnen im Römertopf

1 Am Vortag das gewaschene und trockengetupfte Fleisch von allen Seiten mit etwas Senf einreiben. Aus 2 abgezogenen Knoblauchzehen, Olivenöl, Oregano, zerstoßenen Gewürznelken, Pfeffer, Wein und Aceto balsamico eine Marinade herstellen und das Fleisch damit mehrfach einpinseln, den Rest der Marinade darüber gießen. Die Lorbeerblätter auflegen und das Fleisch zugedeckt über Nacht im Kühlschrank marinieren.

2 Den Römertopf wässern. In der Zwischenzeit die abgezogenen Zwiebeln grob schneiden und zusammen mit dem Thymian in den abgetropften Römertopf geben. Das Fleisch aus der Marinade nehmen, auf die Zwiebeln und den Thymian legen. Mit Salz und Pfeffer leicht nachwürzen. Die Marinade auf das Fleisch träufeln. Falls es sehr trocken ist, noch 1 Esslöffel Olivenöl darüber laufen lassen.

3 Den Römertopf in den kalten Backofen schieben und das Ziegenfleisch bei 220 °C (Gas Stufe 4–5, Umluft 200 °C) 1 Stunde braten. Dann die Temperatur auf 180 °C (Gas Stufe 2–3, Umluft 160 °C) reduzieren, das Fleisch mehrfach wenden und immer wieder mit Bratensaft beträufeln, bis es gar ist.

4 In der Zwischenzeit die gewaschenen und geputzten Bohnen in wenig Wasser 10 Minuten vordünsten und salzen. 10 Minuten vor Ende der Garzeit des Fleisches auf den Braten geben.

5 Das Fleisch und die Bohnen auf vorgewärmten Tellern anrichten und servieren.

Zubereitungszeit: ca. 12 Stunden Marinierzeit + 100 Minuten

Tipp **Zum Ziegenbraten kann man je nach Geschmack Salzkartoffeln oder frisches Baguette reichen.**

Für 4 Portionen

1 kg Jungziegenfleisch oder Zickleinkeulen

etwas Senf, mittelscharf

4 Knoblauchzehen

3 EL Olivenöl

1 TL Oregano, gerebelt

2 Gewürznelken

schwarzer Pfeffer aus der Mühle

¼ l Rotwein, trocken

1 Schuss Aceto balsamico

2 Lorbeerblätter

2 Zwiebeln, mittelgroß

1 Thymianzweig

Salz

500 g Bohnen, grün

Außerdem

Römertopf

Thermische Eigenschaften
kalt | *kühl* | *neutral* | **warm** | *heiß*

Hauptgericht

Rote-Bete-Buchweizenrisotto mit Lamm-Piccatas

1 Gemüsefond in einem separaten großen Topf erhitzen. Gewaschene Rote Bete schälen und würfeln. Schalotten abziehen und hacken. Die Rosmarinnadeln von den Zweigen streifen und klein schneiden.

2 In einem großen Topf das Öl erhitzen, die Schalotten mit den Rote-Bete-Würfeln darin anschwitzen, Rosmarin dazugeben. Nach ca. 2 Minuten den Buchweizen hineingeben und unter gelegentlichem Umrühren glasig andünsten. Mit Weißwein und Rote-Bete-Saft ablöschen. Wenn dieser eingekocht ist, immer wieder 1 Schöpflöffel vom heißen Gemüsefond dazugeben – der Buchweizen sollte immer gerade bedeckt sein. Die Prozedur mehrfach wiederholen, bis der Buchweizen bissfest gegart ist (ca. 30 Minuten). Mit Salz, Pfeffer und Zucker abschmecken.

3 Den Topf vom Herd nehmen. Parmesan und Butter unterrühren, alles 2 bis 3 Minuten ziehen lassen und warm stellen.

4 Die Lammmedaillons mit etwas Salz würzen und im Mehl wenden. Das Fleisch durch die verquirlten Eier ziehen und in einer Pfanne im heißen Öl auf beiden Seiten kurz anbraten. Die Butter dazugeben und durchbraten. Zum Risotto servieren.

Zubereitungszeit: ca. 50 Minuten

Info **Rote Bete senkt den Blutdruck (vor allem der Saft). Das enthaltene Silizium kräftigt Bindegewebe und Haut. Die Rübe sorgt für Glanz und Geschmeidigkeit von Haut und Haaren, entgiftet den Darm und kann sogar die Stimmungslage aufhellen. Und sie bringt neben viel Gesundheit Farbe auf den Teller.**

Rote Bete, Buchweizen und Lamm: Diese Kombination sieht edel aus und schmeckt einfach köstlich! Die kleinen Piccatas am besten beim Metzger vorbestellen – sie sind nicht immer vorrätig.

Für 4 Portionen

Für den Risotto

1 l Gemüsefond
1 Rote Bete (ca. 130 g)
2 Schalotten
2 Zweige Rosmarin
3 EL Olivenöl
250 g Buchweizen
⅛ l Weißwein, trocken
3 EL Rote-Bete-Saft
Salz
schwarzer Pfeffer aus der Mühle
1 Prise Zucker
40 g Parmesan, frisch gerieben
50 g Butter

Für die Lamm-Piccatas

8 Lammrückenmedaillons (à ca. 50 g)
Salz
3 EL Mehl
2 Eier
5 EL Olivenöl
20 g Butter

Thermische Eigenschaften
kalt | *kühl* | *neutral* | **warm** | *heiß*

Rezepte für den Erdtyp im Frühling und Sommer

Suppe

Fränkische Bohnensuppe mit Schinkenspeck

Für 4 Portionen

500 g Bohnen, grün

100 g Schinkenspeck, geräuchert, gewürfelt

1 Zwiebel

1 l Fleischbrühe

5 Zweige Bohnenkraut (alternativ: 1 EL Bohnenkraut, gerebelt)

1 Möhre

Salz

schwarzer Pfeffer aus der Mühle

Thermische Eigenschaften

*kalt | kühl | **neutral** | **warm** | heiß*

1 Bohnen waschen und putzen, in dünne, schräge Schnitze oder ca. 1 Zentimter lange Stücke schneiden.

2 In einem großen Topf den Schinkenspeck zusammen mit der abgezogenen und klein gehackten Zwiebel anbraten, mit Fleischbrühe ablöschen.

3 Das Bohnenkraut zusammenbinden und hineingeben. Die Bohnen und die fein geschnittene Möhre dazugeben, alles in ca. 15 bis 20 Minuten bissfest kochen, mit Salz und Pfeffer abschmecken und heiß servieren.

Zubereitungszeit: ca. 40 Minuten

Suppe – Variante

Fränkische Bohnensuppe mit Rindfleisch

Für 4 Portionen

250 g Rindfleisch, durchwachsen (z. B. Rinderbrust)

1 Zwiebel

1 Möhre

Salz

schwarzer Pfeffer aus der Mühle

4 Kartoffeln, mittelgroß

500 g Bohnen, grün

5 Zweige Bohnenkraut

Thermische Eigenschaften

*kalt | kühl | **neutral** | **warm** | heiß*

1 Aus dem vorbereiteten Rindfleisch, der Zwiebel, der Möhre, Salz und Pfeffer in ca. 20 Minuten eine Fleischbrühe kochen; abseihen.

2 Kartoffeln schälen, würfeln und in die Brühe geben. Die Bohnen darin wie im fränkischen Rezept beschrieben mit Kartoffeln und Bohnenkraut garen. Das Fleisch herausnehmen, klein schneiden und zurück in die Suppe geben.

Zubereitungszeit: ca. 70 Minuten

Tipp Zur Bohnensuppe werden Pellkartoffeln auf einem separaten Teller gereicht. Man dippt sie leicht in Salz und beißt direkt von der geschälten Knolle ab.

Salat

Möhrensalat mit Minze und Rosinen

1 Rosinen mit lauwarmem Wasser bedecken und quellen lassen.

2 Möhren waschen, putzen, schälen und in dünne Scheiben schneiden. Das Arganöl in einer Pfanne erhitzen. Die Möhrenscheiben hineingeben und bei geringer Hitze langsam dünsten – dabei darauf achten, dass sie nicht bräunen. Honig über die Möhren träufeln und leicht karamellisieren lassen. Mit Weißweinessig ablöschen.

3 Die Rosinen in ein Sieb gießen und gut abtropfen lassen. Zu den Möhren in die Pfanne geben, mit Salz und Pfeffer kräftig würzen, alles miteinander vermischen.

4 Minze waschen und trockenschütteln. Die Blätter von den Stielen zupfen und in feine Streifen schneiden, auf den Möhrensalat geben und noch einmal alles gut miteinander vermengen. Nach Belieben vor dem Servieren mit 1 Prise Zimtpulver abschmecken.

Zubereitungszeit: ca. 25 Minuten

Für 4 Portionen

40 g Rosinen

600 g Möhren, mittelgroß

6 EL Arganöl

1 TL Honig

2–3 EL Weißweinessig

Salz

schwarzer Pfeffer aus der Mühle

½ Bund Minze

Thermische Eigenschaften

kalt | *kühl* | **neutral** | **warm** | *heiß*

Salat

Möhrensalat mit Zitrusdressing und Arganöl

1 Möhren waschen, putzen, schälen und in kleine Würfel schneiden. In einer Schüssel mit den Zitrussäften und Orangenblütenwasser gründlich vermengen.

2 Den Salat mit Salz und Zimt würzen. Die Petersilie darunter mischen. Das Arganöl tropfenweise über den Salat verteilen und alles gut durchmischen. Vor dem Servieren einige Minuten durchziehen lassen.

Zubereitungszeit: ca. 20 Minuten

Für 4 Portionen

6 Möhren

3 EL Orangensaft, frisch gepresst

1 EL Zitronensaft, frisch gepresst

1 TL Orangenblütenwasser

Salz

¼ TL Zimtpulver

1 TL Petersilie, frisch, fein gehackt

½ TL Arganöl

Thermische Eigenschaften

kalt | *kühl* | **neutral** | **warm** | *heiß*

Info Frühling und Sommer sind eine betriebsame Zeit, Nervosität ein weitverbreitetes Leiden. Man sollte 6-mal täglich je 2 Tabletten der Schüßler-Salze Kalium phosphoricum D6 und Calcium phosphoricum D6 einnehmen – und die innere Unruhe wird deutlich gedämpft.

Salat

Feldsalat mit Trauben

Für 4 Portionen

500 g Feldsalat

3 Knoblauchzehen

200 g griechischer Sahnejoghurt

2 EL Arganöl

Saft von 1 Zitrone, frisch gepresst

Salz

250 g weiße oder rote Trauben, klein, kernlos

Thermische Eigenschaften

kalt | **kühl** | **neutral** | **warm** | *heiß*

1. Feldsalat gründlich verlesen und und unter fließendem Wasser waschen. In einem Sieb gut abtropfen lassen und in mundgerechte Stücke zupfen.

2. Knoblauch abziehen und fein hacken. Joghurt mit Knoblauch, Arganöl, Zitronensaft und Salz verrühren und über den Salat geben. Kurz durchziehen lassen.

3. Weintrauben gründlich waschen und in einem Sieb abtropfen lassen. Die Früchte halbieren und vorsichtig unter den Salat mischen.

4. Den Salat einige Zeit kalt stellen und gut gekühlt servieren.

Zubereitungszeit: ca. 25 Minuten

Gesund und wohlschmeckend: Feldsalat enthält viel Eisen, Magnesium und Beta-Karotin. In Trauben stecken viele B-Vitamine für die Nerven. Zudem sind sie besonders mineralstoffreich und stärken Knochen und Zähne.

Zwischenmahlzeit oder Beilage

Frittierte Auberginen mit Tomaten

1   Auberginen waschen, putzen und in Würfel schneiden, salzen und in ein Sieb füllen. Nach ca. 1 Stunde die Würfel auspressen und im 180 bis 200 °C heißen Olivenöl in einer Fritteuse oder großen Pfanne ausbacken. Herausnehmen und auf Küchenpapier gründlich abtropfen lassen.

2   3 Esslöffel Olivenöl in einem Topf erhitzen und den abgezogenen und klein gehackten Knoblauch anschwitzen – nicht braun werden lassen. Tomaten waschen, die Stielansätze entfernen, klein schneiden und in den Topf geben. Mit Salz und Pfeffer abschmecken und ca. 10 Minuten köcheln.

3   Die frittierten Auberginen dazugeben und alles bei geringer Hitze weitere 5 Minuten köcheln.

4   Basilikum waschen und trockenschütteln, die Blätter und den Parmesan dazugeben, das Gericht umrühren und nach 1 bis 2 Minuten Ruhezeit servieren.

Zubereitungszeit: ca. 60 Minuten Durchziehzeit + ca. 30 Minuten

Tipp   **Zu den frittierten Auberginen mit Tomaten passen frisches Weißbrot oder Nudeln und junger, trockener Weißwein.**

Für 4 Portionen

1 kg Auberginen

Salz

1–1 ½ l Olivenöl zum Frittieren

3 EL Olivenöl

2 Knoblauchzehen

7 Tomaten, mittelgroß

schwarzer Pfeffer aus der Mühle

1 Bund Basilikum

100 g Parmesan, frisch gerieben

Thermische Eigenschaften

kalt | **kühl** | **neutral** | *warm* | *heiß*

Zwischenmahlzeit oder Beilage

Feiner Gemüsetopf

Für 4 Portionen

250 g Spargel

150 g Zuckerschoten

150 g Brokkoliröschen

150 g Blumenkohlröschen

2 EL Butter

3 Schalotten

⅛ l Weißwein, trocken

1 TL Speisestärke

1–2 EL Wermut, trocken

200 g Sahne

Salz

schwarzer Pfeffer aus der Mühle

2 Zweige Kerbel

Thermische Eigenschaften

kalt | kühl | **neutral** *| warm | heiß*

1 Spargel unter fließendem Wasser waschen, abtropfen lassen, schälen, die verholzten Enden abschneiden. In 2 Zentimeter lange Stücke schneiden. Zuckerschoten, Brokkoli- und Blumenkohlröschen waschen und putzen, die Röschen trennen, größere Zuckerschoten quer durchschneiden.

2 Die Butter in einem Topf erhitzen, die Schalotten abziehen, klein hacken und kurz anschwitzen lassen. Gemüse – bis auf die Spargelspitzen – dazugeben und kurz mitdünsten. Mit Weißwein ablöschen und 10 bis 15 Minuten bei geringer Hitze weiterköcheln.

3 In einem 2. Topf die Speisestärke mit Wermut und Sahne verquirlen. Das Gemüse abgießen, den Sud auffangen und zur Sahnemischung geben. Diese aufgedeckt kochen lassen, bis sich eine sämige Sauce bildet. Mit Salz und Pfeffer abschmecken. Spargelspitzen hineingeben und bei geringer Hitze etwas ziehen lassen.

4 Kerbel waschen, trockenschütteln und die Blättchen abzupfen. Das Gemüse auf vorgewärmten Tellern anrichten. Die Spargelspitzen mit der Sauce darauf verteilen. Mit dem Kerbel schön garnieren.

Zubereitungszeit: ca. 60 Minuten

Info »Viel Freuden mit sich bringet, die schöne Sommerzeit!« Aber manchmal leider auch Probleme – beispielsweise Lippenherpes. Dagegen ist Natrium chloratum D6 das richtige Mittel. Man nimmt 5-mal täglich 1 Tablette. Bei gelblichem Bläscheninhalt: Natrium sulfuricum D6, 5 Tabletten täglich.

Hauptgericht oder Zwischenmahlzeit

Dinkelfladen mit Auberginenmousse

Für 4 Portionen

Für die Fladen

250–300 g Dinkelmehl

1 TL Salz

je 1 Prise Muskatnusspulver, Anispulver und Sesamsamen

1–2 EL Olivenöl

Für die Mousse

3 Auberginen (ca. 600 g)

je 1 gelbe und rote Paprikaschote

2 Knoblauchzehen

1 Bund Basilikum

4 EL Olivenöl

Saft von ½ Zitrone, unbehandelt

Salz

schwarzer Pfeffer aus der Mühle

1 Mehl und Fladenzutaten mit der erforderlichen Menge warmem Wasser zu einem geschmeidigen Teig anrühren und kneten. Dünn ausrollen, mit einem umgedrehten Glas mittelgroße Kreise ausstechen, diese 30 Minuten bei mittlerer Hitze in einer großen Pfanne im Öl ausbacken und warm stellen.

2 Für die Mousse den Backofen auf 180 °C (Gas Stufe 2–3, Umluft 160 °C) vorheizen. Auberginen und Paprikaschoten waschen, Auberginen mit einer Gabel mehrmals einstechen, Paprikaschoten halbieren, die Trennwände und Kerne entfernen. Den abgezogenen Knoblauch in Stifte schneiden und die Einstiche der Auberginen damit spicken.

3 Die Auberginen 1 Stunde im Ofen garen, die Paprikaschoten 30 Minuten auf dem Rost garen, herausnehmen.

4 Basilikum waschen und trockenschütteln, Blätter abzupfen, einige zum Garnieren beiseite legen. Klein schneiden, mit dem Öl vermischen und pürieren, den Zitronensaft untermischen.

5 Paprikaschoten in Streifen schneiden und in 1 Esslöffel der Basilikumsauce wenden, salzen und pfeffern. Die Auberginen eventuell häuten, klein schneiden, mit der übrigen Sauce vermischen, pürieren und mit Salz und Pfeffer abschmecken.

6 Das Mousse mit Paprikastreifen und den zurückbehaltenen Basilikumblättern anrichten und mit den Dinkelfladen servieren.

Zubereitungszeit: ca. 95 Minuten

Thermische Eigenschaften

kalt | **kühl** | *neutral* | *warm* | *heiß*

Info **Bei Sonnenbrand können Schüßler-Salze für Linderung sorgen. Es sollten alle 10 Minuten abwechselnd 1 Tablette Ferrum phosphoricum D12 und 1 Tablette Natrium chloratum D6 eingenommen werden. Die Schüßler-Salbe Nr. 3, Ferrum phosphoricum, leistet ebenfalls wertvolle Hilfe.**

Hauptgericht vegetarisch

Zucchini mit Pfifferlingfüllung

Für 4 Portionen

4–5 Zucchini, groß

180 g Pfifferlinge, frisch (alternativ: abgetropft aus der Dose)

etwas Mehl

1 Zwiebel

2–3 Knoblauchzehen

4–5 Tomaten, getrocknet, in Gewürzöl im Glas eingelegt

2 EL Olivenöl

120 g Reis

Salz

schwarzer Pfeffer aus der Mühle

2 Eier

2 EL Semmelbrösel

170 ml Gemüsebrühe

1 TL Oregano, gerebelt

1 TL Thymian, gerebelt

4 EL Zitronensaft

1 EL Butter

Thermische Eigenschaften

kalt | **kühl** | **neutral** | *warm* | *heiß*

Tipp **Zu den mit Pfifferlingen gefüllten Zucchini kann man separat Nudeln oder Weißbrot reichen. Als Getränk empfiehlt sich ein trockener Weißwein.**

1 Zucchini waschen, putzen und in etwa 12 Zentimeter lange Stücke zerteilen. Die Teile mit einem Apfelstecher aushöhlen. Das Fruchtfleisch beiseite legen.

2 Frische Pfifferlinge in eine Schüssel füllen, mit Mehl einstäuben, schütteln, damit das Mehl auch zwischen die Lamellen gelangt und sich mit Verunreinigungen verbindet. In ein Sieb füllen und unter dem Wasserhahn kräftig abbrausen, trockenschütteln und auf Küchenpapier abtropfen lassen. Einzeln kontrollieren, ob die Pilze sauber sind.

3 Zwiebel und Knoblauch abziehen und fein hacken. Die größeren der Pilze etwas zerkleinern. Die getrockneten Tomaten hacken.

4 In einer Pfanne das Olivenöl erhitzen, Zwiebel und Knoblauch darin anschwitzen. Pfifferlinge dazugeben und braten, bis die austretende Flüssigkeit verdunstet ist. Mit ½ Liter Wasser auffüllen und den Reis einstreuen. Mit Salz und Pfeffer würzen und die Tomaten unterrühren. Zudecken und bei geringer Hitze 10 bis 15 Minuten köcheln.

5 Das Zucchinifleisch weiter zerkleinern und in einen Topf füllen. Die Eier trennen. Den gekochten Reis etwas abkühlen lassen, die Semmelbrösel und das Eiweiß hineinrühren. Die ausgehöhlten Zucchini mit der Pilz-Tomaten-Reis-Mischung füllen und in einen Dämpfeinsatz oder Römertopf legen. Die Gemüsebrühe über das Zucchinifleisch gießen, die Kräuter darüberstreuen und aufkochen lassen. Den Dämpfer aufsetzen und die gefüllten Zucchini bei mittlerer Hitze ca. 30 Minuten über der Brühe garen. Oder die gefüllten Zucchini zusammen mit der Brühemischung im Römertopf garen.

6 Die Zucchini herausnehmen, warm stellen. Den Zucchinisud pürieren, mit Eigelb und Zitronensaft verquirlen und in die Sauce mischen. Die Zucchini auf vorgewärmten Tellern damit übergießen und servieren.

Zubereitungszeit: ca. 100 Minuten

Hauptgericht vegetarisch

Fenchelgratin mit Tomatensauce

1 Fenchel waschen, Wurzelansatz und grüne Stängel abschneiden. Eventuell die äußeren Rippen entfernen. 1 Esslöffel Fenchelgrün hacken, zur Seite legen. Die Knollen längs vierteln und ca. 10 Minuten in kochendem Salzwasser garen. Herausnehmen und abtropfen lassen.

2 Die Butter in einer feuerfesten Form zerlassen, die Fenchelstücke hineinlegen. Mit Sahne übergießen, mit Salz und Pfeffer würzen, mit Parmesan bestreuen und die Oliven darauf verteilen. Bei 200 °C (Gas Stufe 3–4, Umluft 180 °C) im vorgeheizten Backofen ca. 20 Minuten überbacken. Mit dem Fenchelgrün bestreuen.

3 Für die Sauce die Tomaten blanchieren, häuten, Kerne und Stielansätze entfernen, Fruchtfleisch in kleine Würfel schneiden. Zwiebeln abziehen und fein hacken. Die Knoblauchzehe abziehen und zerdrücken. Das Öl in einer großen Pfanne erhitzen, die Zwiebeln darin hell anschwitzen. Tomatenwürfel und Knoblauch dazufügen, salzen und pfeffern. Den Wein angießen, die Sauce ca. 20 Minuten köcheln. Das Basilikum einstreuen, umrühren und abschmecken. Separat zum Fenchelgratin servieren.

Zubereitungszeit: ca. 45 Minuten

Für 4 Portionen

Für das Gratin

1 kg Fenchelknollen mit Grün

Salz

50 g Butter

125 g Sahne

schwarzer Pfeffer aus der Mühle

100 g Parmesan, frisch gerieben

30 g Oliven, schwarz, entsteint

Für die Tomatensauce

800 g Tomaten

100 g Zwiebeln

1 Knoblauchzehe

3 EL Olivenöl

Salz

schwarzer Pfeffer aus der Mühle

⅛ l Weißwein, trocken

1 EL Basilikum, frisch, fein geschnitten

Thermische Eigenschaften

kalt | **kühl** | *neutral* | **warm** | *heiß*

Einfach lecker, einfach zubereitet: Das Gratin eignet sich auch als Familienrezept.

Hauptgericht

Zucchini mit Hackfleischfüllung

Für 4 Portionen

2 große oder 4 mittelgroße Zucchini

2 Zwiebeln

etwas Petersilie, Minze und Basilikum, frisch

2 EL Olivenöl

500 g Hackfleisch, gemischt

2 Prisen Kräuter der Provence, getrocknet (alternativ: Majoran und Thymian, getrocknet)

Salz

schwarzer Pfeffer aus der Mühle

eventuell Crème fraîche

Thermische Eigenschaften
kalt | **kühl** | **neutral** | *warm* | *heiß*

1 Die Zucchini waschen, der Länge nach teilen, aushöhlen und in eine Schüssel geben.

2 Abgezogene und klein gehackte Zwiebeln und gewaschene, klein gehackte Kräuter im heißen Öl andünsten, aus der Pfanne nehmen und unter das Hackfleisch mengen. Die getrockneten Kräuter unterrühren, mit Salz und Pfeffer abschmecken.

3 Den Fleischteig in die ausgehöhlten Zucchinihälften füllen und in einer Auflaufform oder im Römertopf ca. 1 Stunde im Backofen bei 200 °C (Gas Stufe 3–4, Umluft 180 °C) garen. Zum Anrichten eventuell etwas Crème fraîche verwenden.

Zubereitungszeit: ca. 80 Minuten

Info Zucchini sind vielseitig verwendbar, haben wenig Kalorien und thermische Eigenschaften, die sie als Sommergemüse ideal machen: Sie wirken kühl und ausgleichend, sind voll guter Säfte und sehr bekömmlich.

Hauptgericht

Blumenkohlauflauf mit Schinken und Käse

Für 4 Portionen

1 Blumenkohl

Salz

100 g Schinken, gekocht

1 EL Butter

200 g Sauerrahm

2 Eier

3 EL Milch

weißer Pfeffer aus der Mühle

100 g Emmentaler, gerieben

Thermische Eigenschaften
kalt | **kühl** | **neutral** | *warm* | *heiß*

1 Blumenkohl waschen und in Röschen zerteilen, in Salzwasser bissfest kochen. Den Schinken in Streifen schneiden.

2 Eine feuerfeste Form mit Butter ausstreichen, Blumenkohlröschen und Schinken einschichten. Den Sauerrahm mit den Eiern, der Milch, etwas Salz und Pfeffer verquirlen und darüber gießen. Den Auflauf im Backofen bei 200 °C (Gas Stufe 3–4, Umluft 180 °C) 30 Minuten garen.

3 Mit dem geriebenen Käse bestreuen und noch ein wenig im Ofen lassen, bis der Auflauf überbräunt ist.

Zubereitungszeit: ca. 60 Minuten

Info Blumenkohlauflauf nach diesem Rezept ist nicht nur preiswert, sondern enthält auch viel Vitamin C und Mineralstoffe, vor allem Kalium.

Hauptgericht

Saltimbocca

1 Die gewaschenen und trockengetupften Fleischscheiben mit Zitronensaft beträufeln, salzen und pfeffern. Je 1 Salbeiblatt und darauf je 1 Scheibe Schinken auflegen und beides mit je 1 Zahnstocher feststecken.

2 Das Olivenöl in einer Pfanne erhitzen und das Fleisch auf jeder Seite etwa 1 bis 2 Minuten braten. Vorsichtig aus der Pfanne nehmen und warm stellen.

3 Den Bratensatz mit Wein ablöschen und etwas einkochen lassen. Die Butterflöckchen darunterschlagen.

4 Je 2 Schnitzel auf 1 vorgewärmten Teller anrichten, eventuell mit frischen Salbeiblättern verzieren und zusammen mit der Sauce zügig servieren.

Zubereitungszeit: ca. 20 Minuten

Für 4 Portionen

8 Scheiben Kalbsfilets (à ca. 80 g)

Saft von ½ Zitrone, unbehandelt

Salz

schwarzer Pfeffer aus der Mühle

8 Blätter Salbei, frisch

8 Scheiben (Parma-)Schinken, luftgetrocknet

4 EL Olivenöl

⅛ l italienischer Weißwein, trocken

einige Butterflöckchen

Außerdem

8 Zahnstocher

Thermische Eigenschaften

kalt | *kühl* | *neutral* | *warm* | *heiß*

Zur Saltimbocca können Sie wahlweise in Butter gedämpfte Zuckererbsen, Spaghetti, Kartoffelbrei, Brokkoli oder Blattspinat reichen – und trockenen italienischen Weißwein.

Auch im Sommer gibt es kühle Tage. Da ist ein leichtes Truthahngeschnetzeltes
mit Pilzen genau das Richtige, um die Lebensenergie zu stimulieren.

Hauptgericht

Truthahngeschnetzeltes mit Champignons

1 Das Fleisch waschen, trockentupfen und ins Eisfach oder in die Gefriertruhe legen, bis es von außen kross gefroren ist. In feine Streifen schneiden, leicht salzen und pfeffern.

2 Fleischstücke im Butterschmalz anbraten. Abgezogene, fein gehackte Zwiebel und klein geschnittenen Speck mitrösten. Die geputzten und geschnittenen Champignons dazugeben und alles mit Wein aufgießen, das Wildgewürz beigeben. Abschmecken und in ca. 20 Minuten weich dünsten.

3 Angerührten Saucenbinder oder Speisestärke mit Sauerrahm verrühren und dazugeben. Mit Salz und Pfeffer abschmecken.

Zubereitungszeit: ca. 40 Minuten Gefrierzeit + 40 Minuten

Für 4 Portionen

500 g Truthahnschnitzel
Salz
schwarzer Pfeffer aus der Mühle
1 EL Butterschmalz
1 Zwiebel, mittelgroß
100 g Speck, durchwachsen
150 g Champignons, frisch
¼ l Rotwein, trocken
etwas Wildgewürzmischung
2 EL Saucenbinder oder Speisestärke
125 g Sauerrahm

Thermische Eigenschaften
kalt | *kühl* | *neutral* | **warm** | *heiß*

Info Nach Insektenstichen die betroffene Stelle sofort anfeuchten und darauf 1 Tablette Natrium chloratum D6 verreiben, alle 30 Minuten 1 Tablette einnehmen, bis die Beschwerden abklingen. Dazu Salbe Nr. 3, Ferrum phosphoricum, auftragen.

Hauptgericht

Rindergeschnetzeltes mit Austernpilzen

1 Das Fleisch waschen, trockentupfen und ins Eisfach oder in die Gefriertruhe legen, bis es von außen kross gefroren ist. In feine Streifen schneiden, mit Paprikapulver würzen. Möhren und Austernpilze waschen, putzen und in Streifen schneiden.

2 Fleisch im heißen Schmalz jeweils portionsweise anbraten, damit es von allen Seiten gebräunt wird, herausnehmen und beiseite stellen. Zwiebel und Knoblauch im Bratfett andünsten. Möhren und Pilze mitdünsten, nach Geschmack würzen. Wein, Crème fraîche und Senf zugeben, ca. 7 Minuten schmoren.

3 Den angerührten Saucenbinder oder die Speisestärke einrühren. Fleisch und Erbsen zugeben, erhitzen und alles nochmals abschmecken.

Zubereitungszeit: ca. 40 Minuten Gefrierzeit + 30 Minuten

Für 4 Portionen

600 g Beefsteak
etwas Paprikapulver, edelsüß
300 g Möhren
300 g Austernpilze
40 g Butterschmalz
1 Zwiebel in Würfeln
2 Knoblauchzehen in Würfeln
Salz
schwarzer Pfeffer aus der Mühle
⅛ l Weißwein, trocken
150 g Crème fraîche
1 EL Senf
1–2 EL Saucenbinder
200 g TK-Erbsen, aufgetaut

Thermische Eigenschaften
kalt | *kühl* | ***neutral*** | *warm* | *heiß*

Hauptgericht

Kalbsschnitzel mit Pilzrahmsauce und Kohlrabigemüse

Für 4 Portionen

1 Zwiebel, mittelgroß

40 g Butter

⅛ l Weißwein, trocken

je 40 g Stangensellerie und Petersilienwurzel

1 Möhre, mittelgroß

100 g Steinpilze, frisch (alternativ: Champignons, frisch)

2 Prisen Paprikapulver, edelsüß

120 ml Geflügelfond

200 g Sahne

2 EL Sauerrahm

Salz

schwarzer Pfeffer aus der Mühle

1 Spritzer Zitronensaft

2 TL Senf

2 TL Kapern, fein gehackt

2 TL Gewürzgurke, fein gehackt

etwas gehackte Schale von 1 Zitrone, unbehandelt

2 EL Petersilie, Schnittlauch, Estragon, fein gehackt

4 Kalbsschnitzel (à 200 g)

Salz

schwarzer Pfeffer aus der Mühle

2 EL Olivenöl

2 TL Butter

1 Spritzer Zitronensaft

Thermische Eigenschaften

kalt | *kühl* | **neutral** | **warm** | *heiß*

1 Für die Rahmsauce die abgezogene Zwiebel hacken, in einer Kasserolle die Butter zerlassen und die Zwiebel darin farblos anschwitzen. Mit Wein ablöschen und einköcheln. Den Stangensellerie, die Petersilienwurzel, die Möhre und die Pilze waschen, putzen und fein würfeln. Das Gemüse und die Pilze in die Kasserolle geben und anschwitzen. Paprikapulver einrühren, den Geflügelfond angießen und diesen ebenfalls einköcheln (fast völlig reduzieren).

2 Sahne und Sauerrahm in die Kasserolle geben und kurz köcheln. Mit Salz, Pfeffer und Zitronensaft abschmecken. Senf, Kapern, Gewürzgurke und Zitronenschale einrühren. Die Kräuter einstreuen und die Sauce noch ein wenig köcheln.

3 Die gewaschenen und trockengetupften Kalbsschnitzel salzen und pfeffern. Das Öl mit der Butter in einer Pfanne erhitzen und die Schnitzel darin bei nicht zu starker Hitze (sobald die Butter leicht zu bräunen beginnt) auf beiden Seiten kurz braten.

4 Den Bratensatz mit Zitronensaft ablöschen, die Rahmsauce einrühren und kurz erwärmen.

5 Die Rahmschnitzel auf vorgewärmten Tellern mit den nach unten stehendem Rezept zubereiteten Kohlrabi anrichten und servieren.

Zubereitungszeit: ca. 30 Minuten

Tipp **Zu den Kalbsschnitzeln gibt es in ca. 30 Minuten zubereitetes Kohlrabigemüse: 3 zarte Kohlrabi in Stiften in ½ Liter Gemüsebrühe halbweich dünsten. Inzwischen 2 Teelöffel Mehl in 2 Esslöffel zerlassener Butter farblos anschwitzen, unter Rühren etwas Milch angießen. Mit Salz und Muskatnuss würzen und an die Kohlrabi gießen. ½ Bund fein gehackte Petersilie unterziehen, Kohlrabi in der Sauce bissfest garen.**

Süßes Hauptgericht

Hirseauflauf mit Äpfeln

1 Die Hirse in einem Sieb mit kaltem, dann mit heißem und wieder mit kaltem Wasser überbrausen. Abtropfen lassen und mit der Milch zum Kochen bringen. Salz untermischen und die Hirse bei geringer Hitze etwa 20 Minuten ausquellen lassen. Zum Abkühlen mit einem Kochlöffel ein wenig auflockern.

2 Die Eier trennen und die Eigelbe in ein separates Schälchen geben. Zucker und Zitronenschale dazugeben, alles schaumig rühren und unter die Hirse mischen. Das Eiweiß zu lockerem Eischnee schlagen und unterziehen.

3 Eine feuerfeste Form ausfetten, die Hälfte des Hirseteigs einfüllen, die Apfelspalten auflegen, mit der restlichen Hirse bedecken und die Butterflöckchen aufsetzen.

4 Den Auflauf im vorgeheizten Backofen bei 200 °C (Gas Stufe 3–4, Umluft 180 °C) in etwa 30 Minuten goldbraun backen.

5 Beim Anrichten je nach Geschmack mit etwas Puderzucker überstäuben.

Zubereitungszeit: ca. 60 Minuten

Info Beim Schüßler-Typ Nr. 6, Kalium sulfuricum, im Erdelement treten nicht selten vermehrt Altersflecken auf. Dieser Typ wird auch öfter von Reizdarm und Völlegefühl im Oberbauch geplagt. Außerdem neigt er zu Müdigkeit am Morgen. Zum Ausgleich sollten etwa 2 bis 3 Monate lang 4-mal täglich 4 Tabletten Kalium sulfuricum D6 eingenommen werden.

Für 4 Portionen

250 g Hirse, ganz

¾ l Milch

1 Prise Salz

2 Eier

3 EL Zucker

500 g Äpfel, geschält, in Spalten

abgeriebene Schale von 1 Zitrone, unbehandelt

1 EL Butter + einige Butterflöckchen

eventuell Puderzucker zum Bestäuben

Thermische Eigenschaften

*kalt | **kühl** | neutral | warm | heiß*

Rezepte für den Erdtyp im Herbst und Winter

Suppe

Gerstensuppe

Für 4 Portionen

150 g Gerste
30 g Butter
1 ½ l Fleischbrühe
1 Messerspitze Hefewürze
1 TL Salz
1 EL Schnittlauch in Röllchen

Thermische Eigenschaften
kalt | kühl | **neutral** | **warm** | heiß

1 Gerste gründlich waschen, abtropfen lassen und in einem großen Topf in der heißen Butter hell anschwitzen. Mit der Fleischbrühe ablöschen und bei geringer Hitze etwa 30 Minuten garen.

2 Die Hefewürze zugeben, die Suppe mit Salz abschmecken, in tiefe Teller geben, den Schnittlauch aufstreuen und servieren.
Zubereitungszeit: ca. 40 Minuten

Info Was Gerste auf den Teller bringt: B-Vitamine, Ballaststoffe, Magnesium, Kalium, Zink, Selen, Flavonoide. Sie senkt den Cholesterinspiegel, hat antioxidative Wirkung, hilft gegen Darm- und Magenbeschwerden.

Salat

Brokkolisalat mit Tomaten und Walnüssen

Für 4 Portionen

2 Brokkolistauden
150 g Kirschtomaten
1 Bund Basilikum (alternativ: 1 EL Basilikum, gerebelt)
2–3 EL Olivenöl
4 EL Aceto balsamico
½ TL Zucker, braun
1 Prise Paprikapulver, edelsüß
Salz
weißer Pfeffer aus der Mühle
40 g Walnusshälften

Thermische Eigenschaften
kalt | kühl | **neutral** | **warm** | heiß

1 Brokkoli waschen, putzen, in Röschen teilen und bissfest garen. Mit kaltem Wasser kräftig abbrausen. Tomaten waschen und halbieren, die grünen Stielansätze entfernen. Basilikum waschen und trockenschütteln, die Blätter abzupfen und grob hacken.

3 Öl, Aceto balsamico, Zucker, Paprikapulver, Salz und Pfeffer mit 4 bis 5 Esslöffel warmem Wasser zu einer Sauce verrühren, Basilikum und Brokkoli, Tomaten und Nüsse in eine Servierschüssel geben, mit der Sauce begießen und diese vorsichtig unterziehen. Ca. 15 Minuten ziehen lassen. Vor dem Servieren nochmals vorsichtig durchmengen.
Zubereitungszeit: ca. 40 Minuten

Brokkoli ist eines der gesündesten Kohlgewächse. Er wertet jeden Salat auf und ist mit seinem satten Grün zusammen mit Tomaten und Nüssen auch eine Augenweide.

Salat

Für 4 Portionen

900 g Blaukraut

1 ½ TL Salz

70 ml Apfelessig

1–2 EL Honig

1 ½ EL Marmelade, dunkel
(z. B. Brombeere, Schlehe,
schwarze Johannisbeere)

Saft von 1 Blutorange, unbehandelt

1 Schuss Weißwein, trocken

6 EL Olivenöl

weißer Pfeffer aus der Mühle

20 Walnüsse

1 Bund Petersilie

2 Birnen (z. B. Williams-, Gellerts
Butterbirne oder Abate Fetel)

1 ½ EL Zucker, braun oder weiß

3 EL Aceto balsamico

1 EL Butter

Thermische Eigenschaften

kalt | *kühl* | **neutral** | **warm** | *heiß*

Blaukrautsalat mit Birnen

1 Blaukraut waschen und klein schneiden oder hobeln. Salz dazugeben, gut durchmischen, mit einem Deckel oder Tuch abdecken und etwa 1 Stunde durchziehen lassen.

2 Den Apfelessig dazugeben und nochmals durchmischen. Honig, Marmelade, Orangensaft, Wein und Öl untermischen. Mit Pfeffer abschmecken und nochmals gut 1 Stunde zugedeckt durchziehen lassen.

3 In der Zwischenzeit die Nüsse zerkleinern, die gewaschene und trockengeschüttelte Petersilie fein hacken, die Birnen waschen, die Kerngehäuse entfernen und das Fruchtfleisch in schmale Spalten schneiden. Den Zucker in einer Pfanne leicht karamellisieren lassen. Die Birnen darin wenden, bis sie hellbraun glasiert sind. Mit Aceto balsamico ablöschen und die Butter einrühren.

4 Den Salat zusammen mit den Nüssen und den Birnenspalten auf Tellern anrichten. Den Birnensud aus Zucker, Aceto balsamico und Butter darüber träufeln und mit der Petersilie bestreuen.

Zubereitungszeit: ca. 2 Stunden Durchziehzeit + ca. 135 Minuten

Info **Birnen sind ausgezeichnete Verdauungshelfer. Sie wirken entschlackend, entgiftend und sind für den doch etwas schwereren Blaukrautsalat die idealen Begleiterinnen.**

Suppe

Gersteneintopf mit Kartoffeln

1 Suppengrün waschen, putzen und klein schneiden. Kartoffeln waschen, schälen und in Würfelchen schneiden. Gemüsebrühe mit den getrockneten Gewürzen aufkochen, das klein geschnittene Gemüse und die Kartoffelwürfelchen zugeben. Etwa 15 Minuten garen. Den Gerstenschrot einrühren, kurz aufkochen und bei geringer Hitze weiterköcheln bzw. ziehen lassen.

2 Zwiebeln abziehen und fein hacken, in 1 Esslöffel Butter anschwitzen und zum Eintopf geben. Mit Salz und Pfeffer abschmecken.

3 Die frischen Kräuter waschen, trockenschütteln und fein wiegen. Kurz vor dem Servieren mit der restlichen Butter unter den Eintopf rühren.

Zubereitungszeit: ca. 40 Minuten

Für 4 Portionen

1 Bund Suppengrün
4 Kartoffeln, mittelgroß
1 ½ l Gemüsebrühe
1 Lorbeerblatt
3 Wacholderbeeren
2 Gewürznelken
je 1 TL Thymian und Majoran, gerebelt
120 g Gerstenschrot
2 Zwiebeln
2 EL Butter
Salz
schwarzer Pfeffer aus der Mühle
1 Bund frische Kräuter (z. B. Petersilie, Schnittlauch, Kerbel)

Thermische Eigenschaften
kalt | *kühl* | **neutral** | *warm* | *heiß*

Suppe

Weißkrauteintopf mit Rind- und Kalbfleisch

1 Das Weißkraut waschen und putzen, die Kartoffeln waschen und schälen. Das Kraut in Streifen schneiden, die Kartoffeln würfeln.

2 Die beiden Fleischsorten waschen, trockentupfen und würfeln, den Speck und die abgezogenen Zwiebeln ebenfalls würfeln. Speck und Zwiebeln in einem großen Topf leicht anschwitzen, dann die Temperatur erhöhen, das Fleisch dazugeben und anbräunen. Tomatenmark, Zwetschgen, Zucker und Kümmel unterrühren. Mit der Brühe aufgießen und den Eintopf ca. 1 Stunde köcheln.

3 Kraut und Kartoffeln dazugeben und alles bei geringer Hitze ca. 40 Minuten garen. Vor dem Servieren mit Pfeffer, Paprika und Salz abschmecken.

Zubereitungszeit: ca. 150 Minuten

Für 4 Portionen

1 kg Weißkraut
400 g Kartoffeln
200 g Rindfleisch
250 g Kalbfleisch
120 g Speck, fett
2 Zwiebeln, mittelgroß
2 EL Tomatenmark
2 Dörrzwetschgen in kleinen Würfeln
1 TL Zucker
½ TL Kümmel, gemahlen
½ l Fleischbrühe
Salz
schwarzer Pfeffer aus der Mühle
etwas Paprikapulver, edelsüß

Thermische Eigenschaften
kalt | *kühl* | **neutral** | *warm* | *heiß*

Beilage

Rote-Bete-Gemüse mit Ingwer

Für 4 Portionen

5 Rote Bete, mittelgroß

5 cm Ingwerwurzel, frisch

20 g Zucker

⅛ l Weißwein, trocken

1 EL Butterschmalz, Schweinefett oder Olivenöl

2 Lorbeerblätter

3–4 Pimentkörner

Salz

weißer Pfeffer aus der Mühle

Außerdem

Haushaltshandschuhe

Thermische Eigenschaften

kalt | kühl | neutral | **warm** | **heiß**

1 Haushaltshandschuhe überstreifen, Rote Bete waschen und schälen. Die Rüben der Länge nach vierteln. Den Ingwer schälen und klein hacken.

2 Zucker in einem Topf bei geringer Hitze leicht karamellisieren lassen. Die geviertelten Rüben dazugeben, mit 3 bis 4 Esslöffel Wasser und Wein ablöschen. Das Fett dazugeben, Lorbeerblätter, Pimentkörner und Ingwer in den Topf geben und das Rote-Bete-Gemüse bei geringer Hitze knapp 40 Minuten mehr durchziehen als köcheln lassen, bis es gar ist.

3 Mit Salz und weißem Pfeffer abschmecken und servieren.

Zubereitungszeit: ca. 60 Minuten

Das Rote-Bete-Gemüse schmeckt beispielsweise mit frischem Baguette besonders gut.

Hauptgericht vegetarisch

Grünkernklößchen mit Wirsing-Pilz-Gemüse

1 Grünkernschrot in die Gemüsebrühe rühren und einmal aufkochen. Mit Salz abschmecken und 30 Minuten quellen lassen.

2 In der Zwischenzeit die Zwiebel abziehen und hacken. Die Hälfte der Zwiebel, 2 Esslöffel Schnittlauch, Quark und Eier mischen, mit Salz und Pfeffer abschmecken. Den abgetropften Grünkernschrot, Grieß und Mehl dazugeben und alles zu einem Teig vermengen.

3 Wirsing waschen, putzen, den Strunk herausschneiden. Die Blätter in mundgerechte Stücke rupfen oder schneiden. Die Champignons putzen und würfeln. Den Knoblauch abziehen und hacken.

4 In einem großen Topf 2 Liter Wasser zum Kochen bringen und salzen. Aus dem Grünkernteig mit einem kleinen Löffel Klößchen formen. 10 bis 15 Minuten im siedenden Wasser ziehen lassen – nicht kochen!

5 Währenddessen das Öl in einem Topf erhitzen und die restliche Zwiebel zusammen mit dem Knoblauch kurz anschwitzen. Champignons und Wirsing dazugeben und ca. 5 Minuten mitdünsten. Mit Salz, Pfeffer und Muskatnuss würzen. Petersilie, Sahne und Milch in das Gemüse einrühren und 2 bis 3 Minuten köcheln.

6 Die mit einer Schaumkelle aus dem Wasser gehobenen Grünkernklößchen mit dem Gemüse auf vorgewärmten Tellern anrichten und mit dem restlichen Schnittlauch garnieren.

Zubereitungszeit: ca. 50 Minuten

Für 4 Portionen

220 g Grünkernschrot
½ l Gemüsebrühe
Salz
1 Zwiebel
3 EL Schnittlauch in Röllchen
50 g Quark
2 Eier
weißer Pfeffer aus der Mühle
2 EL Grieß
1 EL Mehl
900 g Wirsing
250 g Champignons
2 Knoblauchzehen
2 EL Olivenöl
1 Prise Muskatnuss, frisch gerieben
½ Bund Petersilie, klein geschnitten
3 EL Sahne
2 EL Milch

Thermische Eigenschaften
kalt | *kühl* | **neutral** | **warm** | *heiß*

Info Grünkern kam einstmals aus der Not heraus auf den Speisezettel: In verregneten Jahren reifte der Dinkel oft nicht aus; so ernteten die Bauern ihn noch grün und trockneten ihn über Buchenfeuern. Die Körner haben dadurch ein typisches Aroma und eine grünliche Farbe. Bald stellte sich heraus, dass man damit herrliche Gerichte zaubern kann.

Hauptgericht vegetarisch

Blaukrautrouladen
mit Tofu-Zwetschgen-Füllung

Für 4 Portionen

8 große Blaukrautblätter,
die dicken Rippen flach geschnitten

Salz

3 Zwiebeln, mittelgroß

30 g Butter

150 g Tofu in Würfeln

schwarzer Pfeffer aus der Mühle

150 g Dinkel, geschrotet
(alternativ: Kamut oder Gerste)

½ l Gemüsebrühe

4 Dörrzwetschgen,
ohne Stein, halbiert

½ TL Schabzigerkleepulver

½ EL Rosmarinnadeln

1 kleiner Bund Petersilie, gehackt

2 EL Cashewkerne, geröstet

20 g Kokosfett, ungehärtet

3–4 EL Sahne

1–2 EL Speisestärke oder
Saucenbinder

Außerdem

Küchengarn

Thermische Eigenschaften

kalt | *kühl* | **neutral** | **warm** | *heiß*

1 Die gewaschenen Blaukrautblätter in Salzwasser kurz blanchieren und beiseite stellen.

2 Zwiebeln abziehen und fein würfeln, in der erhitzten Butter andünsten, den Tofu dazugeben. Weitere 2 Minuten dünsten. Mit Salz und Pfeffer abschmecken. Das Getreide einstreuen, 2 Minuten mitdünsten und mit einem Teil der Gemüsebrühe ablöschen. Dörrzwetschgen, Schabzigerkleepulver und Rosmarin dazugeben, alles aufkochen und zudecken. Auf der ausgeschalteten Kochstelle noch etwa 15 Minuten ausquellen lassen.

3 Den abgekühlten Getreidebrei mit Petersilie und Cashewkernen mischen. Die Füllung auf den Blaukrautblättern verteilen (pro Blatt 2 halbe Dörrzwetschgen), Rouladen formen, mit Küchengarn umwickeln und zusammenbinden. In einer Pfanne im heißen Fett von allen Seiten anbraten, mit dem Rest der Gemüsebrühe ablöschen und zugedeckt 30 bis 40 Minuten bei geringer Hitze garen.

4 Kurz vor dem Servieren den Bratensatz mit der Sahne verfeinern und mit Stärke oder Saucenbinder andicken.

Zubereitungszeit: ca. 95 Minuten

Info **Bei saurem Aufstoßen (meist nach fettreichen und süßen Speisen) nimmt man über den Tag verteilt 4 bis 6 Tabletten Natrium phosphoricum D6 ein. Bei Aufstoßen mit bitterem Beigeschmack empfiehlt sich Natrium sulfuricum in gleicher Dosierung. Bei Sodbrennen haben sich 4 bis 6 Tabletten Calcium phosphoricum über den Tag verteilt bewährt.**

Zum Lammtopf passen Reis und/oder frisches Baguette besonders gut.

Hauptgericht

Lammtopf mit Kichererbsen und Bohnen

1 Am Vortag die Kichererbsen in einer großen Schüssel mit kaltem Wasser einweichen und zugedeckt über Nacht stehen lassen.

2 Am Folgetag das gewaschene, trockengetupfte Lammfleisch in mundgerechte Würfel schneiden. Knoblauch und Zwiebeln abziehen und fein hacken. Butterschmalz in einem Bräter erhitzen, die Fleischwürfel darin bei mittlerer Hitze bräunen. Mit Salz und Pfeffer würzen. Die gut abgetropften Kichererbsen, Zwiebeln, Knoblauch und Ingwer hinzufügen und alles goldgelb anschwitzen. Curry mit Mehl und Zucker mischen, über das Fleisch stäuben, verrühren und kurz mitbraten.

3 Knapp ½ Liter Wasser einrühren, das Gericht zudecken und bei geringer Hitze ca. 1 Stunde köcheln. Ab und zu umrühren; bei Bedarf noch etwas Wasser zugeben.

4 Die vorbereiteten Bohnen unterheben und alles noch ca. 20 Minuten köcheln, bis das Fleisch gar ist. Auf vorgewärmten Tellern anrichten, mit der Gewürzmischung und Schnittlauch bestreuen.

Zubereitungszeit: ca. 12 Stunden Einweichzeit + ca. 100 Minuten

Für 4 Portionen

160 g Kichererbsen

700 g Lammschulter

3 Knoblauchzehen

2 Zwiebeln

2–3 EL Butterschmalz

Salz

schwarzer Pfeffer aus der Mühle

2 cm Ingwerwurzel, klein geschnitten

2–3 EL Currypulver, mild

2 EL Mehl

1 Prise Zucker

250 g Bohnen, grün, frisch oder TK-Ware

1 TL Gewürzmischung aus Kardamom, Zimt, schwarzem Pfeffer, Kreuzkümmel und Gewürznelken (Garam Marsala)

1–2 EL Schnittlauch, in Röllchen

Thermische Eigenschaften

kalt | *kühl* | *neutral* | **warm** | *heiß*

Hauptgericht

Putenpfanne mit Pfifferlingen und Gemüse

Für 4 Portionen

200 g Pfifferlinge, frisch
(alternativ: 1 Dose mit entsprechendem Abtropfgewicht)

etwas Mehl

2 Scheiben Speck, durchwachsen

4 Kohlrabi, jung, mittelgroß

1 Möhre

450 g Putenbrust

1 Zwiebel

weißer Pfeffer aus der Mühle

Salz

1–2 EL Butterschmalz

200 g Sahne

3–5 EL Speisestärke oder Saucenbinder

etwas Petersilie und Kerbel, frisch, gehackt

Thermische Eigenschaften

kalt | kühl | **neutral** | warm | heiß

1 Pfifferlinge in eine Schüssel füllen und mit Mehl einstäuben, schütteln, damit das Mehl überall zwischen die Lamellen gelangt und sich mit den Verunreinigungen verbindet. Die Pilze in ein engmaschiges Sieb füllen und unter dem Wasserhahn kräftig abbrausen, schütteln und auf Küchenpapier auslegen. Einzeln kontrollieren, ob alle Pilze sauber sind.

2 Speck klein schneiden. Kohlrabi und Möhre waschen, putzen, schälen und fein hobeln. Das Fleisch waschen, trockentupfen und in Streifen schneiden. Zwiebel abziehen und hacken.

3 Den Speck in einer großen Pfanne oder einem flachen Topf knusprig anbraten. Die Pilze und die Zwiebel dazugeben und einige Minuten bei mittlerer Hitze mitbraten. Mit Pfeffer und Salz abschmecken, herausnehmen und warm stellen.

4 Butterschmalz in der Pfanne bzw. dem Topf erhitzen, das Fleisch darin 5 Minuten anbraten und dabei mehrfach wenden. Mit Salz und Pfeffer würzen. Kohlrabi und Möhre dazugeben und bissfest dünsten. Alles mit Salz und Pfeffer abschmecken.

5 ⅛ Liter Wasser und die Sahne angießen, einmal aufkochen. Abdecken und noch ca. 5 Minuten weiterköcheln. Die Pilze dazugeben. Die Sauce binden, nochmals abschmecken. Die frischen Kräuter darüber streuen.

Zubereitungszeit: ca. 35 Minuten

Tipp **Zur Putenpfanne passt als Beilage Kartoffelpüree, aber auch Pellkartoffeln oder Reis schmecken sehr gut.**

Hauptgericht

Chinakohlrouladen asiatisch

1 Den Kohl waschen. 12 Blätter abtrennen und in kochendem Salzwasser ca. 2 Minuten blanchieren. Herausnehmen, kalt abschrecken, abtropfen lassen, die Blattrippen mit einem scharfen Messer abflachen. Den restlichen Kohl in schmale Streifen schneiden, dabei den Strunk entfernen. Gewaschene Möhren schälen und dünn hobeln. Die Zwiebeln abziehen und in Ringe schneiden. Die Sprossen abspülen und abtropfen lassen. Den Ingwer schälen und sehr klein würfeln.

2 Das gewaschene, trockengetupfte Fleisch in Streifen schneiden, mit Ingwer, ⅓ der Sprossen und Zwiebeln mischen. Sherry, 1 Esslöffel Sojasauce und Ei unterrühren, die Mischung salzen und pfeffern und auf die blanchierten Kohlblätter verteilen. Erst die Seiten zur Mitte hin einschlagen, dann zu Rouladen aufrollen und mit Küchengarn umwickeln.

3 Sesamsamen in einem breiten Topf ohne Fett goldbraun rösten, herausnehmen und beiseite stellen. 2 Esslöffel Öl im Topf erhitzen, die Rouladen von beiden Seiten jeweils etwa 3 Minuten anbraten, dann herausnehmen. Das übrige Öl im Topf erhitzen, den Knoblauch abziehen und hineinpressen. Die Kohlstreifen und die Möhren hinzufügen. Unter mehrmaligem Wenden ca. 3 Minuten anbraten. Mit der heißen Brühe ablöschen, aufkochen, die Rouladen einlegen und zugedeckt bei geringer Hitze ca. 10 Minuten schmoren. Aus dem Topf nehmen, das Küchengarn entfernen und die Rouladen warm stellen.

4 Erbsen, die restlichen Sojasprossen und die Zwiebelringe dazugeben und alles zugedeckt noch ca. 4 bis 5 Minuten köcheln.

5 Speisestärke mit 3 Esslöffel Wasser glatt rühren, zum Gemüse geben und aufkochen, bis die Brühe gebunden ist. Mit Salz, Pfeffer und der restlichen Sojasauce abschmecken. Die Rouladen mit dem Gemüse anrichten und den gerösteten Sesam aufstreuen.

Zubereitungszeit: ca. 55 Minuten

Für 4 Portionen

1 Chinakohl (ca. 1 kg)
Salz
250 g Möhren
3 Zwiebeln
150 g Sojasprossen
1 Stück Ingwer, frisch, walnussgroß
300 g Rinderfilet
1 EL Sherry, trocken
3 EL Sojasauce
1 Ei
schwarzer Pfeffer aus der Mühle
30 g Sesamsamen
4 EL Olivenöl
1 Knoblauchzehe
⅛ l Fleischbrühe
200 g Erbsen, TK-Ware
1 TL Speisestärke
Außerdem
Küchengarn

Thermische Eigenschaften
kalt | kühl | neutral | **warm** | heiß

Tipp Zu den asiatischen Kohlrouladen passt Reis natürlich besonders gut.

Hauptgericht

Rindsrouladen mit Speckfüllung und Gemüse

1 Die gewaschenen und trockengetupften Rouladen zwischen Klarsichtfolie gleichmäßig flachklopfen, salzen und pfeffern.

2 Für die Füllung 2 abgezogene Zwiebeln, Gurken und Speck fein würfeln. Senf und Sardellenpaste miteinander verrühren und die Rouladen gleichmäßig damit einstreichen. 1 Esslöffel Speck- sowie die Zwiebel- und Gurkenwürfel darauf verteilen. Die Rouladen an den Seiten einschlagen und von der schmalen Seite her aufrollen. Mit Küchengarn zusammenbinden und mit etwas Mehl leicht bestäuben.

3 Petersilienwurzel, Möhren und Sellerie waschen, putzen, schälen, die restlichen Zwiebeln abziehen und alles klein würfeln. Olivenöl und Butter in einem Bräter (geeignet für den Backofen) erhitzen und die Rouladen darin rundherum anbraten, herausnehmen und beiseite stellen. Gemüse und den restlichen Speck im Fleischfett anbraten. Das Tomatenmark einrühren und mitschmoren. Mit Weißwein ablöschen und alles etwas einköcheln. ½ Liter Wasser dazugeben, die Rouladen einlegen und zugedeckt bei 220 °C (Gas Stufe 4–5, Umluft 200 °C) im vorgeheizten Backofen 1 bis 1 ½ Stunden schmoren.

4 Die Rouladen aus dem Brattopf nehmen und warm stellen. Den Bratensatz durch ein Sieb passieren. Etwa die Hälfte des Gemüses im Mixer pürieren und wieder in die Bratensauce geben. Diese noch etwas einköcheln (reduzieren) und mit Salz und Pfeffer abschmecken. Das Küchengarn vorsichtig entfernen und die Rouladen in die Sauce legen.

Zubereitungszeit: ca. 100 Minuten

 Zu den Rindsrouladen können Sie Pellkartoffeln oder auch Kartoffelpüree reichen.

Rouladen gibt es in ganz Eurasien in unzähligen Varianten. Bei dieser hier sind Speck, Zwiebel- und Gurkenwürfel sowie die Gemüseeinlage das Besondere.

Für 4 Portionen

4 Rindsrouladen (à 160–180 g)

Salz

schwarzer Pfeffer aus der Mühle

5 Zwiebeln, mittelgroß

3 Gewürzgurken, mittelgroß (ca. 100 g)

2 EL Speck, mild geräuchert, durchwachsen, gewürfelt

2 EL Senf

1 TL Sardellenpaste

etwas Mehl

1 Petersilienwurzel

2 Möhren, klein

½ Stangensellerie (ca. 70 g)

3 EL Olivenöl

1 EL Butter

1–2 TL Tomatenmark

⅛ l Weißwein, trocken

Außerdem

Klarsichtfolie

Küchengarn

Thermische Eigenschaften

kalt | kühl | **neutral** | **warm** | heiß

Kleines Hauptgericht süß

Chinesischer Wasserreis – Süß-Congee

Für 4 Portionen

100 g (Vollkorn-)Reis

je 1 Handvoll Walnüsse und Mandeln, gemahlen oder ganz

etwas Zimtpulver

etwas Anispulver

etwas Vanillezucker (alternativ: Vanillemark aus der Schote)

einige Backpflaumen, ohne Stein, in etwas Wasser eingeweicht

Thermische Eigenschaften

kalt | kühl | **neutral** | **warm** | heiß

1 Den gewaschenen Reis in etwa 1 Liter Wasser ca. 3 Stunden köcheln, bis er sehr weich bzw. breiig ist. Die Walnüsse und Mandeln können gemahlen oder im Ganzen mitgekocht werden.

2 Vor dem Anrichten mit Zimt, Anis und Vanillezucker oder -mark verfeinern und ein paar eingeweichte Backpflaumen untermischen.

Zubereitungszeit: ca. 190 Minuten

Zwischenmahlzeit süß

Frischkäse mit Honigmelone

Für 4 Portionen

400 g Frischkäse, körnig

etwas Milch

1 Honigmelone

4 TL Ahornsirup oder Honig

Thermische Eigenschaften

kalt | kühl | **neutral** | **warm** | heiß

1 Den Frischkäse mit der Milch sämig anrühren. Die Melone waschen, in 8 Spalten schneiden und schälen.

2 Jeweils 2 Melonenspalten auf 1 Teller legen, Frischkäse darüber geben und mit je 1 Teelöffel Ahornsirup oder Honig beträufeln.

Zubereitungszeit: ca. 15 Minuten

Info Normalerweise besteht chinesisches Congee nur aus Wasser und weißem Reis. Hier eine etwas »gaumenfreundlichere« Form – Congee ist für Westeuropäer sehr gewöhnungsbedürftig. Dabei ist es ausgesprochen leicht und wird von jedem vertragen. Congee kann in vielen Varianten verfeinert werden, z. B. mit Kräutern und Algen, unter Linsen gemischt, zu milchsaurem Gemüse gereicht oder als Weizen-Congee zubereitet.

Zwischenmahlzeit süß

Warmer Apfel mit Haferflocken

Für 4 Portionen

4 TL Butter

4 Äpfel, mittelgroß

etwas Vanillezucker (alternativ: Vanillemark aus der Schote)

8 EL Haferflocken, grob

1 Butter in einem Topf zerlassen und die gewaschenen, geschälten, entkernten und halbierten Äpfel grob hineinraspeln. Unter gelegentlichem Umrühren etwa 3 bis 4 Minuten dünsten.

2 Die Vanille dazugeben, Apfelraspel in 4 Portionsschälchen füllen und je 2 Esslöffel Haferflocken untermischen.

Zubereitungszeit: ca. 10 Minuten

Thermische Eigenschaften

kalt | *kühl* | *neutral* | **warm** | *heiß*

Hauptgericht süß

Hirseauflauf mit Äpfeln

Für 4 Portionen

250 g Hirse, ganz

750 ml Milch

1 Prise Salz

2 Eier

3 EL Zucker

abgeriebene Schale von 1 Zitrone, unbehandelt

etwas Butter + einige Butterflöckchen

500 g Äpfel, geschält, in Spalten

eventuell etwas Puderzucker

1 Die Hirse in einem Sieb kalt, heiß und dann wieder kalt mit Wasser überbrausen. Abtropfen lassen und mit der Milch langsam zum Kochen bringen. Das Salz untermischen und die Hirse bei geringer Hitze in etwa 20 Minuten ausquellen lassen. Zum Abkühlen ein wenig auflockern.

2 Eier trennen, die Eigelbe mit Zucker und der Zitronenschale schaumig rühren, unter die Hirsemasse mischen. Eiweiß zu sehr festem Eischnee schlagen und vorsichtig unterziehen.

3 Eine feuerfeste Form sorgfältig ausbuttern, die Hälfte der Hirsemasse einfüllen, die Apfelspalten (mit dem gesammelten Saft) darübergeben, mit der restlichen Hirse bedecken und einige Butterflöckchen aufsetzen.

4 Den Auflauf im vorgeheizten Backofen bei 180 °C (Gas Stufe 2–3, Umluft 160 °C) in ca. 25 bis 30 Minuten goldbraun backen und vor dem Servieren eventuell mit Puderzucker bestäuben.

Zubereitungszeit: ca. 60 Minuten

Thermische Eigenschaften

kalt | *kühl* | **neutral** | *warm* | *heiß*

Info Das kann immer mal passieren: Magenschmerzen bei oder nach dem Essen. Hier helfen Ferrum phosphoricum D12 und Magnesium phosphoricum D6. Man nimmt die Tabletten abwechselnd in kurzen Abständen (5 bis 10 Minuten), bis die Beschwerden abgeklungen sind.

Rezepte für den Metalltyp im Frühling und Sommer

Frühstück

Pfirsichmüsli

Für 4 Portionen
80 g Haferflocken
½–1 Tasse Milch
4 Pfirsiche
einige Haselnüsse und/oder
Sultaninen

Thermische Eigenschaften
*kalt | kühl | neutral | **warm** | heiß*

1 Die Haferflocken in der Milch kurz aufquellen lassen.
2 Gewaschene Pfirsiche enthäuten und entsteinen, in mundgerechte Stücke schneiden.
3 Mit den Haferflocken mischen und mit Nüssen und/oder Sultaninen verfeinern.
Zubereitungszeit: ca. 10 Minuten

Frühstück oder Zwischenmahlzeit

Überbackenes Birnenbrot mit Roquefort

Für 4 Portionen
4 Scheiben Haferbrot
etwas Butter
2 Williams-Christ-Birnen (alternativ: Gellerts Butterbirne, Abate Fetel)
Birnenlikör oder -schnaps nach Geschmack
4 Scheiben Roquefort

Thermische Eigenschaften
*kalt | kühl | neutral | **warm** | heiß*

1 Die Brotscheiben mit Butter bestreichen. Die gewaschenen Birnen halbieren, das Kerngehäuse entfernen und das Fruchtfleisch in Scheiben schneiden.
2 Je ½ Birne in Scheiben auf den Broten verteilen. Für einen Snack nach Wunsch mit etwas Birnenlikör oder -schnaps beträufeln und mit je 1 Scheibe Roquefort bedecken.
3 Im Backofen bei 180 °C (Gas Stufe 2–3, Umluft 160 °C) etwa 5 Minuten überbacken, bis der Käse leicht zerlaufen ist.
Zubereitungszeit: ca. 15 Minuten

Info Schüßler schuf die Voraussetzungen für gesunde Zellen durch optimale Mineralstoffversorgung. Die 5-Elemente-Ernährung der TCM ist die ideale Ergänzung und lässt sich harmonisch mit den Erkenntnissen von Schüßler verknüpfen.

Überbackene Birnen mit Roquefort auf Haferbrotscheiben sind optisch und ernährungsphysiologisch eine ganz besondere Raffinesse.

Suppe

Knoblauchsuppe mit Brotwürfeln à la Margit

Für 4 Portionen
8 Knoblauchzehen
50 g Schinken, roh, luftgetrocknet
50 g Speck, durchwachsen
3 EL Olivenöl
1 Zwiebel
1 Brötchen, altbacken
1 l Fleischbrühe
Salz
½ Bund Petersilie, gehackt

Thermische Eigenschaften
kalt | *kühl* | *neutral* | **warm** | **heiß**

1 Knoblauchzehen und Zwiebel abziehen und fein hacken. Schinken und Speck in sehr kleine Würfel schneiden. Olivenöl in einem Topf erhitzen, Knoblauch, Schinken und Speck 8 bis 10 Minuten glasig anschwitzen, dann herausnehmen und beiseite stellen.

2 Das Brötchen in kleine Würfel schneiden und zusammen mit der Zwiebel in dem im Topf verbliebenen Öl goldbraun rösten.

3 Die Brühe zum Kochen bringen. Knoblauch, Schinken und Speck hineingeben und etwa 10 Minuten köcheln. Eventuell noch etwas nachsalzen.

4 Die Suppe auf vorgewärmte Teller verteilen, die gehackte Petersilie einstreuen, die heiße Suppe servieren und die geröstete Brot-Zwiebel-Mischung darüber streuen.

Zubereitungszeit: ca. 25 Minuten

Variante Eine etwas aufwendigere Variante: Suppe mit dem Mixstab pürieren. Mit scharfem Paprikapulver nach Belieben und 2 Esslöffel Sherry abschmecken.

Info Dieses klassische Münchner Redaktionsrezept weckt die Lebensgeister. Es ist ideal für die Übergangszeiten sowie für Herbst und Winter. Schmecken tut es aber immer – beispielsweise auch als Mitternachtssuppe bei Sommerpartys und anderen Festen.

Suppe

Thailändische Nudelsuppe

1 Gemüse waschen und putzen. Den Sellerie in sehr kleine Würfel schneiden oder raspeln. Geschälte Möhre und Lauch erst längs halbieren, dann in sehr feine Streifen schneiden. Abgezogene Frühlingszwiebeln hacken, das Grün in Ringe schneiden.

2 Die Brühe in einem großen Topf aufkochen, Zwiebeln zugeben und bei mittlerer Hitze ca. 5 Minuten garen. Das restliche Gemüse dazugeben und 5 Minuten weiterköcheln.

3 Suppe mit Sojasauce, Salz und Sherry abschmecken. Reisnudeln in die Brühe geben, mit der Gabel auflockern und den Topf vom Herd nehmen. 2 bis 3 Minuten ziehen lassen, auf Suppentassen verteilen, mit dem Zwiebelgrün bestreuen und rasch servieren.

Zubereitungszeit: ca. 35 Minuten

Für 4 Portionen

50 g Knollensellerie

1 Möhre

1 Stange Lauch

2 Frühlingszwiebeln

1 l Gemüsebrühe

2 EL Sojasauce

Salz

1 EL Sherry, trocken

100 g Reisnudeln, klein geschnitten

Thermische Eigenschaften

kalt | *kühl* | **neutral** | **warm** | *heiß*

 Die chinesische 5-Elemente-Ernährung strebt bei den thermischen Eigenschaften stets den Wert »neutral« an.

Suppe

Selleriesuppe mit Grapefruits oder Tomaten

1 Sellerie waschen, putzen und grob würfeln. Zwiebeln abziehen und grob hacken.

2 Zedernuss- oder Pinienkerne in einem kleinen Topf ohne Fett etwas anrösten und beiseite stellen.

3 Olivenöl in einer Pfanne erhitzen, Sellerie und Zwiebeln darin anschwitzen. Gemüsebrühe, Thymian und Milch zugeben, alles 15 Minuten köcheln.

4 Grapefruits schälen, in Scheiben schneiden (oder Tomaten waschen, Stielansätze entfernen, Fruchtfleisch achteln), den Saft dabei auffangen. Die Suppe pürieren, den Grapefruitsaft unterrühren. Grapefruits (oder Tomaten) in die Suppe geben und diese wieder erhitzen, mit Salz, Pfeffer und Kümmel würzen, in Teller füllen und mit den gerösteten Kernen bestreuen.

Zubereitungszeit: ca. 40 Minuten

Für 4 Portionen

1 kg Sellerieknollen

2 Zwiebeln

4 EL Zedernuss- oder Pinienkerne

3 TL Olivenöl

1 l Gemüsebrühe

3 Thymianzweige (alternativ: 2 EL Thymian, gerebelt)

¼ l Milch

2 Grapefruits oder 4 Fleischtomaten, groß

Salz

weißer Pfeffer aus der Mühle

1 Prise Kümmelpulver

Thermische Eigenschaften

kalt | *kühl* | **neutral** | *warm* | *heiß*

Hauptgericht

Saures Kalbslüngerl

600 g Kalbslunge
Für den Sud
2 Bund Suppengrün
2 Zwiebeln, mittelgroß
2 Lorbeerblätter
2 Gewürznelken
2 Wacholderbeeren
8 Pfefferkörner, schwarz
1 EL Salz
4 EL + ⅛ l Weinessig
Für die Sauce
40 g Schmalz
2 EL Mehl
1 EL Zitronensaft
schwarzer Pfeffer aus der Mühle
Salz

Thermische Eigenschaften
kalt | *kühl* | **neutral** | **warm** | *heiß*

1 Die Lunge sehr gründlich waschen und abtropfen lassen.

2 Für den Sud das Suppengrün waschen, putzen und klein schneiden. Die Zwiebeln abziehen und würfeln. Beides zusammen mit den Gewürzen, dem Salz, 4 Esslöffel Essig und 2 Litern Wasser in einen großen Topf füllen, zum Kochen bringen, die sehr gründlich gewaschene Lunge hineingeben und etwa 1 Stunde köcheln.

3 Abgießen (den Sud dabei auffangen) und abkühlen lassen. Die Lunge in feine Streifen schneiden, in einer Schüssel mit ½ Liter Sud und ⅛ Liter Essig übergießen und im Kühlschrank zugedeckt 1 bis 2 Tage marinieren lassen.

4 Nach der Marinierzeit die Lunge abgießen und die Marinade dabei auffangen.

5 Für die Sauce eine braune Mehlschwitze (Einbrenne) herstellen: das Schmalz in einem Topf erhitzen, das Mehl unter kräftigem Rühren nach und nach einstreuen. Mit der Lungenmarinade ablöschen, den Zitronensaft dazugeben. Die Lungenstreifen in die Sauce geben, unterziehen, erwärmen und mit Pfeffer und Salz abschmecken.

Zubereitungszeit: 1–2 Tage Marinierzeit + 70 Minuten

Tipp **Lunge können Sie auch bereits küchenfertig gekocht und geschnitten beim Metzger kaufen oder vorbestellen.**
Zum sauren Lüngerl passen Semmelknödel oder frisches Baguette besonders gut.

Salat

Champignonsalat mit Kresse

1   Die Champignons putzen, in mitteldicke Scheiben schneiden und mit den abgezogenen, fein gewiegten Zwiebeln in Butter und Olivenöl bissfest andünsten.

2   Nach kurzem Abkühlen mit Salz und Pfeffer würzen, das Soja- oder Sonnenblumenöl und den Weißwein dazufügen. Reichlich Kresse unterziehen.

Zubereitungszeit: ca. 35 Minuten

Zum Champignonsalat passt ein Schälchen Rundkornreis – oder auch ein frisches Baguette bzw. Roggenvollkornbrot.

Für 4 Portionen

500 g Champignons, frisch

1–2 Zwiebeln

2 EL Butter

4 EL Olivenöl

Salz

weißer Pfeffer aus der Mühle

2 EL Soja- oder Sonnenblumenöl

2 EL Weißwein, trocken

1 Schälchen Kresse

Thermische Eigenschaften

kalt | kühl | **neutral** *| warm | heiß*

Hauptgericht

Schweineschnitzel mit Kohlrabigemüse

Für 4 Portionen

8 Kohlrabi, jung, mit Blättern
1 Bund Petersilie
1 Zwiebel
80–100 g Butter
2 EL Mehl
1 l Fleischbrühe
2 EL Sahne
Salz
weißer Pfeffer aus der Mühle
1 Prise Muskatnuss, frisch gerieben
4 Schweineschnitzel

Thermische Eigenschaften

kalt | kühl | **neutral** | **warm** | heiß

1 Die gewaschenen Kohlrabi entblättern, die zarten Herzblättchen fein wiegen und beiseite legen. Die Knollen schälen und fein hobeln. Die gewaschene und trockengeschüttelte Petersilie fein wiegen, die abgezogene Zwiebel klein hacken.

2 Die Hälfte der Butter in einem Topf zerlassen, Zwiebel und Petersilie darin anschwitzen. Das Mehl einstäuben und die Mehlschwitze mit der Fleischbrühe ablöschen. Die gehobelten Kohlrabi und die zur Seite gelegten Herzblättchen dazugeben und alles 15 bis 20 Minuten köcheln. Die Sahne einrühren, mit Salz, Pfeffer und Muskatnuss abschmecken und warm stellen.

3 Die gewaschenen und trockengetupften Schnitzel leicht klopfen, ungewürzt in der restlichen Butter anbraten und bei mäßiger Hitze 3 bis 4 Minuten garen, mehrfach wenden und dabei mit Salz und Pfeffer würzen. Schnitzel mit dem Kohlrabigemüse auf Tellern anrichten und servieren.

Zubereitungszeit: ca. 55 Minuten

Tipp **Zu den Schweineschnitzeln schmeckt frisches, gebuttertes oder ungebuttertes Haferbrot als Beilage besonders gut.**

Hauptgericht

Schweinepfeffer altrömischer Art

1 Das gewaschene und trockengetupfte Fleisch in fingerdicke Streifen schneiden, die abgezogenen Zwiebeln klein würfeln.

2 In einer Kasserolle das Schmalz erhitzen und das Fleisch darin hellbraun anschwitzen. Die Zwiebeln in einer Pfanne im heißen Öl goldbraun braten. Zum Fleisch geben, mit Salz und Pfeffer würzen. Die Kochstelle auf die kleinste Stufe stellen und das Fleisch langsam weitergaren.

3 Die Blutwurst kurz in kochendes Wasser tauchen, die Haut abziehen, das Fleisch in Würfel schneiden und zum Schweinefleisch geben. Mehl darüber stäuben und das Ganze gut durchmischen. Nach etwa 2 Minuten mit Buttermilch ablöschen und kräftig durchrühren. Weiterköcheln, dabei regelmäßig umrühren, bis die Sauce auf ca. ⅔ eingekocht und sämig geworden ist. Die Hitze immer niedrig halten und darauf achten, dass die Sauce nicht anbrennt. Den Schweinepfeffer noch ca. 30 Minuten langsam durchgaren.

Zubereitungszeit: ca. 60 Minuten

Tipp **Schweinepfeffer kann man mit aufgeschnittenen Essiggurken und gebutterten Pellkartoffeln servieren. Auch Blaukraut und Klöße passen gut dazu – und als Getränk ein frisches Bier oder ein Rotwein.**

Für 4 Portionen

900 g Schweinekamm, ohne Knochen gewogen, mit etwas Fett durchwachsen

4 Zwiebeln, mittelgroß (ca. 500 g)

4 EL Schmalz

1 EL Olivenöl

Salz

50 g Pfefferschrot, schwarz (alternativ: Pfefferkörner, zerstoßen)

250 g Blutwurst

2 EL Mehl

1 l Buttermilch

Thermische Eigenschaften

kalt | *kühl* | *neutral* | **warm** | *heiß*

Hauptgericht vegetarisch

Pfirsich-Lauch-Curry mit Tofu

1   Für eine Marinade Zitronenschale und -saft mit 2 Esslöffel Soja-sauce, ½ Teelöffel Salz und Speisestärke verquirlen. 1 Knob-lauchzehe dazupressen. Tofu abtropfen lassen, würfeln, in die Marinade legen und unter mehrfachem Wenden 1 Stunde durchziehen lassen.

2   In der Zwischenzeit den Lauch waschen, putzen und in schräge Ringe schneiden. Pfirsiche waschen, entsteinen und achteln. Sprossen blanchieren, abtropfen lassen, die 2. Knoblauchzehe fein würfeln. Den Backofen auf der untersten Stufe vorheizen.

3   In einem Wok das Öl erhitzen. Tofu aus der Marinade nehmen, abtropfen lassen, ins heiße Fett einlegen und 2 Minuten gold-gelb braten. Mit einer Kelle herausnehmen, auf Küchenpapier abtropfen lassen und zugedeckt im Ofen warm stellen.

4   Das Öl aus dem Wok bis auf einen Rest von ca. 2 Esslöffel abgießen. Die Butter im Wok erhitzen. Klein gehackten Ing-wer und Knoblauch bei mittlerer Hitze 2 Minuten andünsten. Lauch dazugeben und 3 Minuten mitgaren. Mit Currypulver und Koriander bestäuben und unter Rühren kurz anschwitzen. Marinade angießen und aufkochen lassen. Die Hitze reduzie-ren, die Pfirsiche hinzufügen und untermischen. Mit Salz, Pfef-fer, der restlichen Sojasauce und Zucker abschmecken. Tofu und Sprossen dazugeben, 5 Minuten zugedeckt ziehen lassen.

5   Vor dem Servieren den Schnittlauch aufstreuen.
Zubereitungszeit: ca. 80 Minuten

Info   **Wer bei Wetterumschwüngen zu Erkältungen neigt, sollte das Schüßler-Salz Silicea D12 einset-zen: Es regt das Immunsystem an. Am besten 3-mal täglich 2 Tabletten unter der Zunge zergehen lassen.**

Die Verbindung von Gemüse, Früchten und Sprossen im Wok ergibt ein ange-nehm wärmendes, vegetarisches Gericht für kühle Sommertage, z. B. zur Zeit der sogenannten Schafskälte im Juni.

Für 4 Portionen

abgeriebene Schale und Saft von
1 Zitrone, unbehandelt
4 EL Sojasauce
Salz
1 TL Speisestärke
2 Knoblauchzehen
500 g Tofu
4 Stangen Lauch
500 g Pfirsiche
100 g Mungbohnensprossen
¼ l Soja- oder Sonnenblumenöl
30 g Butter
2 cm Ingwer, frisch
1 EL Currypulver, scharf
1 EL Koriander, frisch gemahlen
schwarzer Pfeffer aus der Mühle
1 TL Zucker, braun
1 EL Schnittlauchröllchen

Thermische Eigenschaften
kalt | kühl | neutral | **warm** *| heiß*

Hauptgericht

Gefüllte Täubchen

Für 4 Portionen

4 junge Täubchen (à ca. 200 g),
küchenfertig, mit Leber, Herz
und Magen

¼ l Milch

2 Brötchen, altbacken

1 Ei

70 g Butter

1 Zwiebel, fein gehackt

1 EL Petersilie, frisch, gehackt

1 EL Rosinen

1 EL Mandeln, gehackt

weißer Pfeffer aus der Mühle

Salz

1 Prise Muskatnuss, frisch gemahlen

60 g Speck, durchwachsen,
in kleinen Würfeln

250 g Sauerrahm

1 EL Speisestärke

1 Schuss Weißwein, trocken

Außerdem

Küchengarn

Thermische Eigenschaften

kalt | kühl | **neutral** | warm | heiß

1. Täubchen waschen und trockentupfen. Die Milch erwärmen, die Brötchen in einer Schüssel damit übergießen und weichen lassen. Täubchenleber, -herz und -magen klein schneiden. Brötchen gut ausdrücken und die Innereien zusammen mit dem Ei darin verkneten.

2. 30 Gramm Butter in einer Pfanne zerlassen, Zwiebel und Petersilie darin anschwitzen. Die gewaschenen Rosinen und die Mandeln unter die Füllung mengen, Zwiebel und Petersilie dazugeben. Die Füllung mit Pfeffer, Salz und Muskatnuss abschmecken. Die Täubchen innen und außen salzen, füllen und mit Küchengarn zunähen.

3. Speck in einem Schmortopf zerlassen, 40 Gramm Butter dazugeben, die Täubchen hineinlegen und anbraten. ⅛ Liter heißes Wasser dazugießen und die Täubchen bei schwacher Hitze zugedeckt etwa 30 Minuten schmoren. Ab und zu mit Bratensatz begießen und verdampftes Wasser ersetzen. 10 Minuten vor Ende der Garzeit den Sauerrahm über die Täubchen gießen und mitschmoren.

4. Die garen Täubchen herausnehmen, von den Fäden befreien, mit einer Tranchierschere halbieren. Die Füllung herausnehmen. Täubchen mit der Füllung auf einer heißen Platte anrichten und warm stellen.

5. Den Bratensatz durch ein Sieb gießen, mit der in 2 Esslöffel kaltem Wasser angerührten Stärke binden, aufkochen, mit Salz, Pfeffer und Wein abschmecken.
Zubereitungszeit: ca. 60 Minuten

 Zu den gefüllten Täubchen passen Kartoffelklöße besonders gut.

Hauptgericht

Truthahnkeule mit Wirsing und Möhren

1 Die Truthahnkeule waschen, trockentupfen, mit Salz und Pfeffer würzen. Zwiebeln abziehen und grob würfeln. Das Olivenöl in einem Bräter erhitzen, die Zwiebeln darin goldgelb anschwitzen, herausnehmen und beiseite stellen. Die Keule von der Unterseite her im Öl anbraten. Die Zwiebeln dazugeben, mit dem Großteil der Brühe aufgießen. Im Backofen bei 220 °C (Gas Stufe 4–5, Umluft 200 °C) etwa 40 Minuten braten.

2 In der Zwischenzeit den Wirsing waschen, putzen, in Achtel teilen, dabei den Strunk weitgehend entfernen. In reichlich Salzwasser ca. 10 Minuten vorgaren, kalt abschrecken und abtropfen lassen. Möhren waschen, putzen, schälen und der Länge nach halbieren. Den Wirsing mit Salz, Pfeffer und Muskatnuss würzen, mit den Möhren und den Fenchelsamen zum Fleisch in den Bräter geben. Einige Esslöffel Brühe angießen. Die Keule weitere 50 bis 60 Minuten im Ofen braten, dabei die restliche Brühe nach und nach angießen.

3 Zitronensaft mit Honig und Cayennepfefferpulver verrühren, die Keule damit bepinseln und im Backofen weitere 10 bis 12 Minuten überbräunen.

Zubereitungszeit: ca. 135 Minuten

Tipp **Als Beilage zum Truthahn bieten sich Bratlinge aus Buchweizen oder Dinkel, Nudeln, gebutterte Pellkartoffeln oder halbseidene Klöße (gekochte Kartoffelklöße) an.**

Für 4 Portionen

1 Truthahnkeule (ca. 1,2 kg)
Salz
weißer Pfeffer aus der Mühle
2 Zwiebeln
5 EL Olivenöl
½ l Hühnerbrühe
1 Wirsingkopf, klein
350 g Möhren
1 Prise Muskatnuss, frisch gerieben
1 TL Fenchelsamen
1 ½ EL Zitronensaft
2 EL Honig
1 Prise Cayennepfefferpulver

Thermische Eigenschaften
*kalt | kühl | **neutral** | warm | heiß*

Hauptgericht

Entenbraten nach Jägerart

Für 4 Portionen

1 Flugente (ca. 1500–1800 g),
küchenfertig, mit Leber und Herz

Salz

weißer Pfeffer aus der Mühle

60 g Weizenmehl

50 g Butter

¾ l Weißwein, trocken

1–2 Stängel Thymian

200 g Kochschinken

1 Zwiebel, groß, gewürfelt

1 Scheibe Schwarzbrot

3 Sardellenfilets

2 Knoblauchzehen, fein gehackt

1 Zitrone, unbehandelt

200 g Champignons, frisch

3 TL Speisestärke

2 EL Petersilie, frisch, gehackt

Thermische Eigenschaften

kalt | kühl | **neutral** | warm | heiß

1 Ente waschen und trockentupfen, in Portionsstücke schneiden. Die Fleischstücke mit Salz und Pfeffer würzen und in Mehl wenden.

2 Butter in einem Bräter erhitzen, die Ententeile hineinlegen und von allen Seiten anbraten. Den Wein dazugießen, den Thymian einlegen und das Fleisch bei geringer Hitze köcheln. Entenleber und -herz klein schneiden und mit dem in feine Streifen geschnittenen Schinken und den Zwiebelwürfeln dazugeben. Die Brotscheibe hineinkrümeln. Sardellen fein wiegen und dazugeben, ebenso Knoblauch und die abgeriebene Zitronenschale. Alles 30 bis 40 Minuten köcheln.

3 20 Minuten vor Ende der Garzeit die vorbereiteten Champignons zum Fleisch geben, je nach Größe halbiert oder geviertelt.

4 Das gare Fleisch aus dem Bräter nehmen und in eine vorgewärmte Schüssel legen. Die Kochbrühe mit der in 2 Esslöffel Wasser angerührten Stärke binden, aufkochen, mit Salz und Pfeffer abschmecken, mit Petersilie bestreuen und in eine Saucenschüssel füllen.

Zubereitungszeit: ca. 60 Minuten

Dessert

Pfirsichquark

Für 4 Portionen

500 g Quark (20 oder 40 %)

2 EL Sahne

1 TL Zitronensaft

4 Pfirsiche (ca. 500 g)

1 EL Honig

Thermische Eigenschaften

kalt | **kühl** | **neutral** | warm | heiß

1 Quark mit Sahne und Zitronensaft verrühren, die gewaschenen Pfirsiche enthäuten, entsteinen und in schmale Spalten schneiden.

2 Quark in einer Schale anrichten und mit den Pfirsichspalten als »Blume« belegen. Mit Honig beträufeln. Kurz durchziehen lassen (nicht kalt stellen!) und rasch servieren.

Zubereitungszeit: ca. 15 Minuten

 **Zur Ente passen Nudeln oder halbseidene Klöße (gekochte Kartoffelklöße) sehr gut.**

Dessert

Pfirsichcreme mit Ananas

1 Pfirsiche waschen, enthäuten, entsteinen und im Mixer pürieren. Zucker, 4 bis 5 Esslöffel Wasser und das Mark aus der längs aufgeschnittenen und ausgeschabten Vanillestange in einem Topf einmal aufkochen.

2 Nach kurzem Abkühlen mit der in 2 Esslöffel heißem Wasser aufgelösten Gelatine vermischen, anschließend durchsieben. Die Sahne steif schlagen. Bis auf 1 Tasse mit dem Fruchtfleisch verrühren, in eine kalt ausgespülte Glasschale füllen und zugedeckt im Kühlschrank erstarren lassen.

3 Kurz vor dem Servieren stürzen, mit der restlichen Sahne und den Ananasscheiben verzieren.

Zubereitungszeit: ca. 40 Minuten

Für 4 Portionen

500 g Pfirsiche, reif

60–80 g Zucker

½ Vanillestange

4 Blatt Gelatine

250 g Sahne

3–4 Scheiben Ananas, frisch oder aus der Dose

Thermische Eigenschaften
kalt | **kühl** | **neutral** | *warm* | *heiß*

Es muss nicht immer Marmorkuchen sein. Kaffeeeinladungen mit dieser erfrischenden Creme werden an heißen Sommertagen zum besonderen Erlebnis.

Rezepte für den Metalltyp im Herbst und Winter

Kleines Hauptgericht

Reisbratlinge mit Schinken

Für 4 Portionen
250 g Langkornreis, gekocht

2 Eier

2 EL Semmelbrösel

125 g Schinken, gekocht, in Streifen geschnitten

1 Bund Schnittlauch in Röllchen

Salz

schwarzer Pfeffer aus der Mühle

1 Prise Paprikapulver, edelsüß

etwas Sonnenblumenöl

Thermische Eigenschaften
kalt | **kühl** | **neutral** | warm | heiß

1 Den Reis mit den Eiern, den Semmelbröseln und dem Schinken vermengen. Schnittlauch dazugeben und alles mit Salz, Pfeffer und Paprikapulver abschmecken.

2 Aus jeweils 3 gehäuften Esslöffel Masse 1 Bratling formen und wie Kartoffelpuffer in einer Pfanne im heißen Öl ausbacken.

Zubereitungszeit: ca. 20 Minuten

Kleines Hauptgericht

Chilis mit Hackfleisch-Frischkäse-Füllung

Für 4 Portionen
½ Brötchen

etwas Milch

12 Chilischoten, rot und grün, mittelscharf (Jalapeño)

1 Zwiebel, mittelgroß

160 g Hackfleisch, gemischt

etwas Paprikapulver, edelsüß

Salz

150 g Kräuterfrischkäse

etwas Butterschmalz

Thermische Eigenschaften
kalt | kühl | neutral | **warm** | **heiß**

1 Die Brötchenhälfte für etwa 30 Minuten in etwas Milch einweichen.

2 Inzwischen die Chilis putzen: den Stiel ausschneiden, Scheidewände und Samen mit einem scharfen Messer entfernen. Die abgezogene Zwiebel fein schneiden, mit dem Hackfleisch und dem gut ausgedrückten Brötchen verkneten. Mit Paprikapulver und Salz abschmecken. Die untere Hälfte der Chilis mit Kräuterfrischkäse füllen, die obere Hälfte mit der Hackfleischmasse.

3 Den Backofen auf 200 °C (Gas Stufe 3–4, Umluft 180 °C) vorheizen. Eine Auflaufform mit Butterschmalz einfetten, die gefüllten Schoten einlegen. Etwa 20 Minuten garen, abkühlen lassen und erst dann servieren.

Zubereitungszeit: ca. 50 Minuten

Da liegen sie wie Unschuldslämmer auf dem weißen Teller: farbenfrohe Chilifinger, die ausgesprochen scharf sein können. Dem Metalltyp kommen sie mit dieser Eigenschaft sehr entgegen.

Hauptgericht

»Gentzbraten« – Gänsebraten nach Ritterart

Für 4 Portionen

1 Mastgans, jung, küchenfertig (ca. 4 kg)

Salz

450 g Äpfel, säuerlich (z. B. Boskop)

250 g Birnen

50 g Backpflaumen, ohne Stein, eingeweicht

2 Zwiebeln, mittelgroß

1 TL Zimtpulver

½ TL Ingwerpulver

schwarzer Pfeffer aus der Mühle

etwas Thymian, gerebelt

etwas Majoran, gerebelt

⅛ l Rotwein, trocken

1 TL Speisestärke

Außerdem

Zahnstocher

starker Bindfaden

Nadel

Thermische Eigenschaften

kalt | kühl | neutral | **warm** | heiß

1 Die Gans innen und außen gründlich waschen, trockentupfen und innen salzen.

2 Für die Füllung die gewaschenen Äpfel und Birnen schälen, vierteln, die Kerngehäuse entfernen und das Fruchtfleisch grob würfeln. Die abgetropften Backpflaumen ebenfalls würfeln. Die abgezogenen Zwiebeln in dünne Scheiben schneiden und mit dem Obst sowie Zimt und Ingwer vermischen. Die Füllung in die Gans geben, feststopfen und die Gans verschließen: mit einigen Zahnstochern zusammenstecken, kreuzweise einen starken Faden um sie schlingen (»Schnürschuhtrick«) und diesen verknoten. Die Gansflügel werden fest an die Brust gedrückt und zusammengebunden – ebenso die Keulen, damit sie nicht austrocknen.

3 Die Gans mit Pfeffer, Salz und in der Hand zerdrücktem Thymian und Majoran kräftig einreiben, mit der Brust nach unten auf den Bratrost über die Fettpfanne legen und in den auf 200 °C vorgeheizten Backofen (Gas Stufe 3–4, Umluft 180 °C) schieben.

4 Nach ca. 15 Minuten 1 Liter kochend heißes, schwach gesalzenes Wasser etwa 2 Fingerbreit in die Fettpfanne gießen. An den Seiten, den Hüften, am Rücken und oberhalb der Flügel der Gans mit einer Nadel einstechen, damit das Fett austreten kann.

5 Nach ca. 60 Minuten die Gans auf den Rücken drehen und mit der Nadel an den Schenkeln und der Brust einstechen. Den Braten während der gesamten Garzeit immer wieder mit Bratensaft begießen.

6 Nach ca. 2 ½ Stunden den Ofen auf 250 °C (Gas Stufe 6, Umluft 230 °C) hochfahren und die Gans in etwa 5 bis 10 Minuten knusprig werden lassen. Bis zum Tranchieren im geöffneten, ausgeschalteten Ofen ruhen lassen, damit sich die Fleischsäfte setzen können. ▸▸

Tipp Zum Gänsebraten schmecken neben den hier beschriebenen Beilagen auch Maronen- oder Kartoffelpüree – oder die traditionellen Kartoffelklöße.

7 Den Bratensaft in eine Kasserolle gießen – er muss etwas abkühlen, damit sich das Fett als Schicht oben absetzt und abgeschöpft werden kann. Den Rotwein angießen, die Sauce abschmecken, eventuell nachwürzen und unter Rühren leicht einkochen. Die in kaltem Wasser angerührte Speisestärke untermischen und die Sauce warm stellen. Die Gans tranchieren, mit der Sauce und unten auf dieser Seite beschriebenen Beilagen servieren.

Zubereitungszeit: ca. 200 Minuten

Beilage zum Gänsebraten

»Blauwes Krautzchol« – Blaukraut

1 Die äußeren Blätter vom Krautkopf entfernen, den Kopf waschen, den Strunk ausstechen und das Kraut hobeln. Währenddessen bereits salzen und mit Essig vermengen, damit das Kraut seine Farbe behält.

2 Die abgezogenen Zwiebeln grob würfeln. Schmalz in einem Topf erhitzen, die Zwiebeln glasig darin anschwitzen. Das Kraut zugeben, umrühren. Den Apfel, Lorbeerblätter und Gewürznelken hinzufügen und alles mit der Fleischbrühe ablöschen. Ca. 30 Minuten köcheln, dann den Rotwein untermischen und das Kraut etwa 1 bis 2 Stunden durchziehen lassen.

3 Je nach Geschmack mit Preiselbeeren, Ingwerpulver, Apfelmus und/oder Sahne abschmecken. Unmittelbar vor dem Servieren mit dem Gänsebraten wieder erhitzen.

Zubereitungszeit: ca. 50 Minuten + 1– 2 Stunden Durchziehzeit

Für 4 Portionen

1 Blaukrautkopf, mittelgroß
Salz
1–2 EL Weinessig
2 Zwiebeln
2 EL Schweineschmalz
1 Apfel, säuerlich, gerieben
2 Lorbeerblätter
3 Gewürznelken
1 l Fleischbrühe
⅛ l Rotwein, trocken
eventuell 1–2 EL Preiselbeeren aus dem Glas
eventuell 1 TL Ingwerpulver
eventuell etwas Apfelmus
eventuell etwas Sahne

Thermische Eigenschaften
kalt | kühl | *neutral* | *warm* | heiß

Tipp Zum »Gentzbraten« passen auch geröstete Maronen: 600 Gramm Maronen auf der flachen Seite mit einem scharfen Messer einritzen, im auf 180 °C vorgeheizten Backofen (Gas Stufe 2–3, Umluft 160 °C) 30 Minuten rösten. Vor dem Verzehr die Schale und die haarige Haut entfernen.
Oder glasierte Maronen: 600 Gramm geschälte Maronen mit 2 Esslöffel Zucker und 3 Esslöffel Butter erhitzen, bis der Zucker braun wird. Mit je 1/8 Liter Portwein und Wasser ablöschen, die Flüssigkeit langsam einköcheln.

Hauptgericht

Geschmortes Wildschwein mit Pilzen

Für 4 Portionen

1 kg Wildschweinkeule

Salz

1 Bund Suppengrün

1 Zwiebel, groß

2 Knoblauchzehen

1 Lorbeerblatt

2 EL Butter

2 EL Mehl

¼ l Rotwein, trocken

schwarzer Pfeffer aus der Mühle

1 EL Preiselbeeren aus dem Glas

1 EL Senf, mittelscharf

Saft von ½ Zitrone, unbehandelt

100 g Rinderzunge, gepökelt, in feinen Streifen

1 Gewürzgurke, fein gewürfelt

150 g Pfifferlinge, frisch (alternativ: Mischpilze aus dem Glas), klein geschnitten

Thermische Eigenschaften

kalt | kühl | **neutral** | **warm** | heiß

1 Das gewaschene und trockengetupfte Fleisch in einem Bräter mit wenig Wasser zum Kochen bringen. Salz, gewaschenes und geputztes Suppengrün, die abgezogene und grob geschnittene Zwiebel, abgezogene Knoblauchzehen und Lorbeerblatt dazugeben. Zugedeckt in ca. 1 ½ Stunden weich schmoren – die Temperatur muss so gewählt sein, dass das Fleisch auch bräunt.

2 Für die Sauce die Butter in einer Pfanne zerlassen, das Mehl einstreuen, gründlich einrühren und braun anschwitzen. Den Rotwein und etwas Wildschweinsud unter Rühren angießen und aufkochen. Die Sauce mit Pfeffer, Salz, Preiselbeeren, Senf und Zitronensaft würzen. Alles 10 Minuten köcheln. Die Zunge, die Gurke und die Pilze dazugeben. Alles nochmals aufkochen.

3 Das Wildschweinfleisch aus dem Bräter nehmen, in Scheiben schneiden und mit der Sauce übergossen servieren.

Zubereitungszeit: ca. 110 Minuten

Tipp **Zum geschmorten Wildschwein passen grüner Salat, Kartoffelkroketten oder auch Reis. Als Getränk wird der Rotwein gereicht, mit dem auch die Einbrenne abgelöscht wurde.**

Hauptgericht

Pikanter Hasenpfeffer

1 Die Hasenkeulen waschen, trockentupfen, mit Salz und Pfeffer einreiben und in Mehl wenden. Den Speck in feine Streifen schneiden, in einem Schmortopf ausbraten, herausnehmen und beiseite stellen.

2 Die Hasenkeulen im Speckfett bei mittlerer Hitze von allen Seiten anbraten. Zwiebeln und Knoblauch abziehen, fein würfeln, zum Hasenfleisch geben und goldgelb anschwitzen. Mit heißer Brühe und Rotwein ablöschen. Den Bratensatz vom Rand des Topfes mit der Flüssigkeit ablöschen und Weinbrand oder Grappa zugeben. Rosmarin, Thymian, Lorbeerblatt und ½ Teelöffel Pfeffer dazufügen. Das Gelee in der Sauce verrühren. Bei geringer Hitze noch ca. 1 Stunde weiterköcheln.

3 Den Speck dazugeben, alles mit Pfeffer, Zitronensaft und eventuell noch etwas Rotwein abschmecken.

Zubereitungszeit: ca. 85 Minuten

Für 4 Portionen

4 Hasenkeulen (à ca. 350–400 g)

Salz

schwarzer Pfeffer aus der Mühle

30 g Mehl

150 g Räucherspeck, durchwachsen

2 Zwiebeln, mittelgroß

2 Knoblauchzehen

¼ l Fleischbrühe

⅛ l Rotwein, trocken

2 cl Weinbrand oder Grappa

1 Messerspitze Rosmarin, gerebelt

1 Messerspitze Thymian, gerebelt

1 Lorbeerblatt

2 TL Johannis- oder Preiselbeergelee

2 TL Zitronensaft

Thermische Eigenschaften

kalt | kühl | neutral | **warm** | heiß

Zum Hasenpfeffer können Sie Kartoffelklöße, Blaukraut (siehe Seite 143) und trockenen Rotwein servieren.

Hauptgericht

Fasanbraten mit Wacholderfüllung

Für 4 Portionen

1 Brötchen, altbacken

2 Fasane, jung, küchenfertig, mit Innereien

Salz

schwarzer Pfeffer aus der Mühle

2 Eier

1 Apfel, säuerlich (z. B. Boskop)

1 Bund Petersilie, fein gehackt

14 Wacholderbeeren

2 cl Cognac

100 g Räucherspeck, fett, in dünnen, großen Scheiben

125 g Sauerrahm

⅛ l Weißwein, trocken

Außerdem

Zahnstocher

starker Bindfaden

Thermische Eigenschaften

kalt | *kühl* | *neutral* | **warm** | *heiß*

1 Das Brötchen kurz in etwas Wasser einweichen. Die Innereien der Fasane gründlich säubern und klein hacken. Die Fasane waschen, trockentupfen und von innen und außen kräftig mit Salz und Pfeffer einreiben.

2 Für die Füllung das Brötchen gut ausdrücken, klein schneiden, mit den Innereien und den Eiern vermengen. Den Apfel waschen, schälen, fein reiben und dazugeben. Die Petersilie untermischen. Die Wacholderbeeren einkneten und den Cognac dazugeben. Alles mit Salz und Pfeffer würzen.

3 Die Fasane mit der Mischung füllen. Die Öffnung wie auf Seite 142 beschrieben verschließen. Mit den Speckscheiben umwickeln und in die Fettpfanne legen. ⅛ Liter Wasser angießen und in den auf 200 °C (Gas Stufe 3–4, Umluft 180 °C) vorgeheizten Backofen schieben. Ca. 45 bis 60 Minuten braten, dabei häufig mit dem Bratensatz begießen.

4 Den Speck abnehmen, die Fasane mit Salzwasser bepinseln und noch 20 bis 30 Minuten bräunen. Bis zum Tranchieren im geöffneten, abgeschalteten Ofen ruhen lassen, damit sich die Fleischsäfte setzen können.

5 Die Fasane herausnehmen, den Bratensatz in eine Kasserolle gießen, den Sauerrahm und den Wein angießen, aufkochen, durch ein Sieb passieren und die Sauce zu den Fasanen servieren.

Zubereitungszeit: ca. 100 Minuten

Tipp **Der Fasan wird mit der Füllung als Beilage auf Ananas- oder feinem Weinsauerkraut gereicht. Dazu schmeckt als Getränk Elsässer Gewürztraminer.**

Hauptgericht

Hirschgulasch »Jennerwein«

1   Zunächst eine würzige Brühe zubereiten. Dafür die Brühwürfel in 1 Liter kochendem Wasser auflösen, die anderen Zutaten dazugeben und alles etwa 20 Minuten köcheln. Die Gewürze abschöpfen.

2   Den Speck in einem großen Topf in der heißen Butter auslassen, dann herausnehmen. Das kurz gewaschene und trockengetupfte Hirschfleisch im heißen Fett scharf anbraten, pfeffern und ebenfalls herausnehmen.

3   Die abgezogenen und gewürfelten Zwiebeln im Bratfett glasig anschwitzen, die geputzten und zerkleinerten Pilze dazugeben und köcheln. Das Fleisch wieder in den Topf geben. Mit Rotwein ablöschen, mit der Brühe aufgießen. Alles etwa 60 Minuten köcheln.

4   Die Sauce mit Sauerrahm binden und mit Grappa abschmecken, eventuell nachsalzen.
   Zubereitungszeit: ca. 100 Minuten

 **Zum Hirschgulasch können Sie Nudeln oder Spätzle als Beilage reichen.**

Für 4 Portionen
Für die Brühe
2 Fleischbrühwürfel
8 Wacholderbeeren
2 Lorbeerblätter
1 kleiner Tannen- oder Fichtenzweig
1 Rosmarinzweig
1 Thymianzweig
Für das Gulasch
50 g Speck, geräuchert, fett
60 g Butter
900 g Hirschgulasch
schwarzer Pfeffer aus der Mühle
2 Zwiebeln
500 g Champignons oder Mischpilze
¼ l Rotwein, trocken
5 EL Sauerrahm
etwas Grappa
eventuell Salz

Thermische Eigenschaften
kalt | *kühl* | *neutral* | *warm* | *heiß*

Hauptgericht

Wildragout nach Waidmannsart

Für 4 Portionen

750 g Wildragout aus der Hirsch-
schulter (alternativ: Reh- oder
Hasenfleisch)
50 g Speck, fett
2 Zwiebeln
4 Möhren
½ TL Salz
1 TL Thymian, gerebelt
1 Lorbeerblatt
schwarzer Pfeffer aus der Mühle
¼ l Rotwein, trocken
1 kleine Dose Pfifferlinge
125 g Sauerrahm
1 EL Mehl

Thermische Eigenschaften
kalt | kühl | neutral | **warm** | **heiß**

1 Das Fleisch kurz waschen, trockentupfen und in ca. 2 Zentimeter große Würfel schneiden. Speck in Streifen schneiden, in einem großen Topf auslassen und herausnehmen. Zwiebeln abziehen und würfeln, die gewaschenen Möhren putzen, schälen und klein schneiden.

2 Das Fleisch im Speckfett von allen Seiten braun anschwitzen. Zwiebeln und Möhren zum Fleisch geben und unter Rühren anbraten, bis die Zwiebeln leicht gebräunt sind. Salz, Thymian, Lorbeerblatt und Pfeffer dazugeben, das Ragout abschmecken. Mit Rotwein und etwas Wasser ablöschen. Etwa 45 Minuten garen.

3 Die gut abgetropften Pfifferlinge dazugeben und ca. 5 Minuten mitköcheln. Den Sauerrahm mit dem Mehl verquirlen und damit den Bratfond binden. Alles eventuell nochmals mit Salz, Pfeffer und Rotwein abschmecken.

Zubereitungszeit: ca. 65 Minuten

Zum Wildragout passen Haferbratlinge oder Risotto, Salzkartoffeln, Nudeln (Spätzle) oder frisches Baguette besonders gut.

Hauptgericht

Gespickter Rehrücken nach Schwarzwälder Hausrezept

1 Am Vorabend Sauerrahm und Sahne in einer Schüssel mischen und über Nacht zugedeckt im Kühlschrank dick werden lassen.

2 Am nächsten Tag den kurz gewaschenen und trockengetupften Rehrücken mit dem in feine Streifen geschnittenen Speck spicken – mithilfe einer Spicknadel oder einem spitzen Messer die Speckstreifen durch die obere Fleischschicht ziehen, sodass sie an beiden Enden etwas hervorstehen. Dann das Fleisch mit wenig Salz und Pfeffer einreiben, die Wacholderbeeren entlang des Rückenknochens in das Fleisch drücken.

3 Die Butter in einer Kasserolle zerlassen. Den Rehrücken mit der Rundung nach oben in den Topf legen und in den auf 220 °C vorgeheizten Backofen (Gas Stufe 4–5, Umluft 200 °C) schieben. Nach etwa 30 Minuten den Braten herausnehmen und die geviertelten Zwiebeln sowie die Sauerrahm-Sahne-Mischung dazugeben. Den Braten wieder in den Ofen schieben und etwa 45 Minuten weitergaren.

4 Das Fleisch aus dem Bräter nehmen und noch einige Minuten warm stellen, damit sich die Fleischsäfte setzen können. In der Zwischenzeit den Bratensatz mit Rotwein lösen und mit Zitronenschale würzen – dazu den Abrieb in ein Sieb geben, die Sauce durchlaufen lassen und auffangen.

5 Den Rehrücken tranchieren, die Fleischstücke wieder auf die Rückenknochen legen und den Braten mit glasierten Apfel- oder Birnenscheiben und Preiselbeeren garnieren.

Zubereitungszeit: ca. 12 Stunden Andickzeit + ca. 110 Minuten

Tipp **Zu diesem herrlichen Rehbraten mit Rahmsauce passen als Beilage Spätzle und Pfifferlinge, auch aus der Dose. Die in manchen Landstrichen gebräuchliche Art, den Rehrücken womöglich tagelang in eine Beize zu legen, ist übrigens nicht zu empfehlen: Die Marinade laugt das zarte Fleisch zu sehr aus.**

Für 4 Portionen

150 g Sauerrahm

100 g Sahne

1 Rehrücken (ca. 2 kg)

120 g Speck, frisch, ungesalzen

Salz

schwarzer Pfeffer aus der Mühle

8 Wacholderbeeren

60 g Butter

2 Zwiebeln, mittelgroß, geviertelt

¼ l Rotwein, trocken

abgeriebene Schale von 1 Zitrone, unbehandelt

einige glasierte Apfel- oder Birnenscheiben
(Glasiertechnik siehe Seite 114)

4 TL Preiselbeeren aus dem Glas

Außerdem

Spicknadel
(alternativ: spitzes Messer)

Thermische Eigenschaften

kalt | *kühl* | *neutral* | **warm** | *heiß*

Dessert

Apfel-Pfirsich-Salat mit Likör

Für 4 Portionen

500 g Äpfel

4 Pfirsiche

Saft von 1 Zitrone, unbehandelt

200 g Joghurt natur

100 g Wal- oder Zedernusskerne, halbiert

8 EL Pfirsichlikör

Thermische Eigenschaften

kalt | *kühl* | *neutral* | **warm** | *heiß*

1 Die gewaschenen Äpfel schälen, die Kerngehäuse entfernen, das Fruchtfleisch klein schneiden. Die Pfirsiche waschen, häuten, entsteinen und ebenfalls in kleine Stücke schneiden.

2 Das Obst in eine Glasschüssel füllen, mit Zitronensaft beträufeln und mit Joghurt, Nusskernen und Pfirsichlikör gut vermischen. Vor dem Servieren einige Zeit durchziehen lassen.

Zubereitungszeit: ca. 15 Minuten

Tipp **Den Apfel-Pfirsich-Salat können Sie natürlich auch mit geschlagener Sahne servieren.**

Dessert

Schokoladen-Pfirsich-Auflauf

Für 4 Portionen

130 g Zartbitterschokolade (70 % Kakaoanteil)

3 Eier, Größe M

40 g Butter

40 g Zucker

100 g Haselnüsse, gehackt

20 g Kakaopulver

1 TL Backpulver

500 g Pfirsiche, entsteint, in Spalten

etwas Butter

etwas Zucker

Thermische Eigenschaften

kalt | *kühl* | *neutral* | **warm** | *heiß*

1 Die Schokolade hacken, die Eier trennen. Eiweiß zu festem Schnee schlagen. Die Butter und den Zucker schaumig schlagen. Eigelbe nacheinander hinzufügen und je 1 Minute unterrühren. Die Haselnüsse und den Kakao, das Backpulver und die gehackte Schokolade mischen und unter die Eigelbmischung rühren. Den Eischnee vorsichtig unterheben.

2 Den Teig in eine gefettete Auflaufform geben und die Pfirsiche leicht in den Teig drücken. Das Ganze mit etwas Zucker bestreuen und im vorgeheizten Backofen bei 180 °C (Gas Stufe 2–3, Umluft 160 °C) ca. 25 bis 35 Minuten backen.

Zubereitungszeit: ca. 55 Minuten

Info **So ein Schokoauflauf kann wahre Wunder wirken, was die Stimmung angeht. Auch Schüßler kann helfen bei Antriebsschwäche und seelischer Erschöpfung: stündlich 1 Tablette Kalium phosphoricum D6 im Mund zergehen lassen.**

Den mögen alle: Schokoladen-Pfirsich-Auflauf ist etwas fürs Auge, für Kinder, für Erwachsene – und dabei so gesund!

Rezepte für den Wassertyp im Frühling und Sommer

Suppe

Gerstenrahmsuppe mit Gemüse

Für 4 Portionen
1 EL Butter
1 Zwiebel, mittelgroß
100 g Perlgraupen
1 ½ l Gemüsebrühe
1 Stange Lauch
50 g Knollensellerie
1 Möhre, klein
1 TL Zitronensaft
3 EL Crème fraîche
Salz
schwarzer Pfeffer aus der Mühle
3 EL Schnittlauch, fein geschnitten

Thermische Eigenschaften
kalt | *kühl* | **neutral** | **warm** | *heiß*

1 Die Butter in einem hohen Topf bei mittlerer Hitze heiß werden lassen. Sobald sie zerlaufen ist, die abgezogene, fein gehackte Zwiebel darin anschwitzen. Die Perlgraupen dazugeben und 2 bis 3 Minuten ebenfalls anschwitzen. Die vorbereitete Gemüsebrühe separat erhitzen, dazugeben und alles bei geringer Hitze zugedeckt 20 Minuten köcheln.

2 In der Zwischenzeit den Lauch waschen und putzen: von der Lauchzwiebel beginnend unter fließendes Wasser halten, damit mögliche Erdanhaftungen aus dem Grünzeug ausgewaschen werden und sich nicht darin ablagern. Den Lauch längs aufschneiden und in Ringe zerteilen, Sellerie und Möhre waschen, schälen und klein würfeln. Mit dem Zitronensaft in die Brühe geben und alles 15 bis 20 Minuten köcheln, bis die Perlgraupen gar sind.

3 Crème fraîche unter die Suppe ziehen, mit Salz und Pfeffer abschmecken.

4 Die Suppe beim Anrichten mit Schnittlauch bestreuen.
Zubereitungszeit: ca. 45 Minuten

Info **Der Schüßler-Typ Nr. 8, Natrium chloratum, im Wasserelement neigt zu grobporiger Haut mit fettigem Glanz. Oft ist der Säure-Basen-Haushalt gestört, der Organismus übersäuert. Zum Ausgleich sollten über mindestens 6 Wochen 3-mal täglich je 4 Tabletten Natrium chloratum D6 eingenommen werden, am besten 30 Minuten vor den Hauptmahlzeiten.**

Suppe

Fischsuppe provençalisch – »Bouillabaisse«

1 Die gewaschenen Tomaten kurz überbrühen, häuten, die Stielansätze entfernen, das Fruchtfleisch vierteln.

2 In einem großen Topf Schalotten oder Zwiebeln, Sellerie, Fenchel und Safranfäden im heißen Olivenöl glasig anschwitzen, mit Wermut ablöschen und den Topf vom Herd nehmen. Tomatenviertel und eventuell Garnelenscheiben zum gedünsteten Gemüse geben.

3 Fische gründlich waschen und soweit erforderlich schuppen, filetieren, die langen Stehgräten ausziehen oder durch einen sogenannten V-Schnitt (für Geübte) entfernen. In mundgerechte Stücke schneiden und auf dem Gemüse verteilen. Gewürze bis auf 1 Esslöffel Petersilie und Knoblauch darüber geben. Mit dem Fischfond auffüllen. Alles bei geringer Hitze im geschlossenen Topf etwa 10 Minuten köcheln, mit Salz und Pfeffer abschmecken.

4 In vorgewärmte Suppenteller pro Portion 1 bis 2 Baguettescheiben legen und die heiße Suppe darauf geben. Mit der restlichen Petersilie bestreuen.

Zubereitungszeit: ca. 45 Minuten

Info Nach Infekten wie einer Sommergrippe kommt es oft zu Antriebsschwäche. Einen kräftigen Anschub kann hier Kalium phosphoricum D6 bringen. Man löst bereits vor dem Frühstück 10 Tabletten in heißem Wasser auf und nimmt den Trunk schluckweise und möglichst heiß zu sich. Diese Anwendung kann bis zu 3-mal täglich wiederholt werden.

Für 4 Portionen

5 Tomaten, mittelgroß

120 g Schalotten oder 2 Zwiebeln, mittelgroß, in Würfel geschnitten

150 g Staudensellerie, in Scheiben geschnitten

80 g Fenchelknolle, in Würfel geschnitten

8 Safranfäden

4 EL Olivenöl

3 EL Wermut (z. B. Noilly Prat, Cinzano)

eventuell 300 g Riesengarnelen, in Scheiben geschnitten

1,5 kg gemischter Fisch (z. B. Seeteufel, Dorade, Knurrhahn, Makrele, Weißfische, Schellfisch, Kabeljau)

1 Lorbeerblatt

3 EL Petersilie, frisch, gehackt

1 EL Thymian, frisch und gehackt oder gerebelt

3 Knoblauchzehen, gehackt

1 ½ l Fischfond

Salz

schwarzer Pfeffer aus der Mühle

8–10 Scheiben Baguette

Thermische Eigenschaften
*kalt | kühl | neutral | **warm** | heiß*

153

Suppe

Orientalische Fischsuppe

1 Das Ei mit Sesamkörnern, Salz und Pfeffer verschlagen. Die Hälfte des Öls in einer Pfanne erhitzen. Die Eimischung bei starker Hitze darin ca. ½ Minute braten, dann vom Herd nehmen und einige Minuten ruhen lassen, bis sich das Omelett aufrollen lässt. Dieses in dünne Streifen schneiden und warm stellen.

2 Die Gemüsebrühe in einem Wok oder Suppentopf aufkochen und in einer Schüssel zur Seite stellen.

3 Im Wok oder Suppentopf Sellerie, Möhre, Frühlingszwiebeln oder Zwiebel und das restliche Öl verrühren und bei starker Hitze etwa 3 Minuten garen.

4 Den Spinat gründlich unter fließendem kaltem Wasser waschen, lange Stiele entfernen. Gut abtropfen lassen und fein schneiden. Heiße Gemüsebrühe, Sojasauce, Heilbutt und Spinat zur Gemüsemischung hinzufügen, zudecken und bei starker Hitze ca. 5 Minuten garen.

5 Die Suppe umrühren und abschmecken, in vorgewärmten großen Suppentassen zusammen mit den darüber gestreuten Omelettstreifen servieren.

Zubereitungszeit: ca. 40 Minuten

Tipp **Leckere Salate für den Metalltyp sind z. B. der Möhrensalat mit Minze und Rosinen (siehe Seite 99) und der Feldsalat mit Trauben (siehe Seite 100).**

Für 4 Portionen

1 Ei

1 TL Sesamkörner, geröstet

Salz

schwarzer Pfeffer aus der Mühle

2 EL Olivenöl

1 l Gemüsebrühe

1 Selleriestaude, klein geschnitten

1 Möhre in feinen Streifen

5 Frühlingszwiebeln, diagonal geschnitten, oder 1 Zwiebel, klein geschnitten

60 g Spinat, frisch

5 TL Sojasauce, hell

300 g Heilbutt, enthäutet, in kleine Stücke geschnitten

Thermische Eigenschaften
kalt | *kühl* | **neutral** | **warm** | *heiß*

Bei dieser orientalischen Fischsuppe wird zu Heilbutt und Gemüse ein schmackhaftes Sesamomelett in die Brühe gegeben.

Zwischenmahlzeit

Matjesheringe mit Ei

Für 4 Portionen

8–10 Matjesheringe
etwas Milch oder Wasser
etwas Eis, gehackt
2 Zwiebeln, mittelgroß, in Ringen
1 EL Kresse, frisch
1 EL Petersilie, frisch, gehackt
4 Tomatenviertel
2 Gewürzgurken, zu Fächern aufgeschnitten
2 Eier, hart gekocht, in Achteln

Thermische Eigenschaften
kalt | kühl | **neutral** | warm | heiß

1 Matjesheringe abhäuten, Kopf und Flossen abschneiden und Heringe filetieren. Gräten herausziehen und überhängende Haut entfernen. Die Filetstücke je nach Salzgehalt kürzer oder länger in Wasser oder Milch einlegen.

2 Eine Porzellanplatte flach mit gehacktem Eis belegen, die trockengetupften Filets darauf anordnen und mit den Zwiebelringen schuppenförmig bedecken.

3 Mit einer Garnitur aus Kresse, Petersilie, Tomaten, Gurken und Eiern umlegen.

Zubereitungszeit: ca. 30 Minuten

Info Da Matjesfilets einmal tiefgefroren werden müssen, gibt es sie das ganze Jahr über. Achten Sie beim Kauf darauf, dass sie klein und mild gesalzen sind – das sind die besten.

Hauptgericht vegetarisch

Auberginengemüse mit Pfifferlingen

Für 4 Portionen

3 EL Olivenöl
4 Auberginen (à 550–650 g), grob gewürfelt
1 Zwiebel, klein, fein gehackt
3 Knoblauchzehen, zerdrückt
2 Fleischtomaten, groß
1 Möhre, gehobelt
1 ½ l Gemüsebrühe
1 Lorbeerblatt
¼ Knollensellerie, klein geschnitten oder geraspelt
½ Lauchstange, dünn, in Ringen
150 g Pfifferlinge, frisch (alternativ: 1 kleine Dose Pfifferlinge)
5 Stängel Petersilie, fein gewiegt
Salz
schwarzer Pfeffer aus der Mühle

Thermische Eigenschaften
kalt | **kühl** | **neutral** | warm | heiß

1 Öl in einer großen Pfanne erhitzen, Auberginenwürfel darin kräftig anbraten. Zwiebel hinzufügen und glasig schwitzen. Den Knoblauch dazugeben.

2 Tomaten überbrühen, häuten, die Stielansätze entfernen, das Fruchtfleisch achteln, mit der Möhre in die Pfanne geben. Alles ca. 10 Minuten dünsten.

3 Das Gemüse in einen großen Topf umfüllen. Mit der Brühe auffüllen. Lorbeerblatt, Sellerie und Lauch dazugeben und alles 10 Minuten köcheln.

4 Die gründlich gereinigten Pfifferlinge oder die abgetropften Dosenpilze sowie die Petersilie untermischen. Mit Salz und Pfeffer abschmecken.

Zubereitungszeit: ca. 50 Minuten

Info Pfifferlingzeit ist von Juli bis August. Dann gibt es sie auf den Märkten zu kaufen. Zum Putzen der erdigen Schwammerl gibt einen Trick – siehe Seite 120.

Das Auberginengemüse mit Pfifferlingen ist leicht, bekömmlich und von seinen Zutaten her mit neutralen bis kühlen Eigenschaften ausgestattet.

Hauptgericht

Lachs in Champagnersauce mit Trüffelgemüse

Für 4 Portionen

150 g Bohnen, grün, jung

Salz

2 Schalotten oder Zwiebeln, klein

1 Stange Lauch

2 Möhren

2 Stangen Bleichsellerie

1 Trüffel schwarz (ca. 25 g; frisch
oder aus dem Glas;
alternativ: 50 g Egerlinge)

2 EL Butter

3 Stängel Petersilie, gehackt

½ TL Pfefferkörner, weiß

5 EL Wermut, trocken
(z. B. Noilly Prat, Cinzano)

¾ l Flasche Champagner, trocken

4 Lachskoteletts (à ca. 200 g)

weißer Pfeffer aus der Mühle

etwas Cayennepfefferpulver

3 EL Crème fraîche

200 g Sahne

1 Prise Zucker

1 Eigelb

Außerdem

Alufolie

Thermische Eigenschaften

kalt | kühl | **neutral** | warm | heiß

1 Bohnen waschen und putzen, der Länge nach streichholzdick schneiden. Ausreichend Wasser und etwas Salz in einen Topf geben, sprudelnd aufkochen lassen und die Bohnen darin ca. 2 Minuten blanchieren. In eiskaltem Wasser abschrecken und abtropfen lassen.

2 Schalotten oder Zwiebeln abziehen und klein schneiden. Vom Lauch die grünen Teile zurückschneiden, unter fließendem Wasser von der Zwiebel her auswaschen, halbieren, abtropfen lassen und in Streifen schneiden. Möhren und Sellerie waschen, putzen und in dünne Stifte schneiden.

3 Die frische Trüffelknolle in lauwarmes Wasser legen, nach etwa 15 Minuten gründlich abbürsten und mit dem Messer ihre Vertiefungen reinigen. Trockentupfen, schälen, in kleine Würfelchen schneiden und in 1 Esslöffel Butter andünsten. (Die aromatischen Trüffelschalen nicht wegwerfen, sie können kühl aufbewahrt noch für Saucen verwendet werden!)

4 ⅓ der Menge von Lauch, Möhren und Sellerie mit Petersilie, etwas Salz und den weißen Pfefferkörnern in einen Dämpfer geben. 4 Esslöffel Wermut und Champagner bis auf 1 Schuss dazugeben und alles zum Kochen bringen.

5 Die Lachskoteletts abspülen, trockentupfen, auf beiden Seiten mit Salz, Pfeffer und Cayennepfefferpulver würzen und auf den Dämpfeinsatz legen. Sobald der Champagnerfond kräftig kocht, den Einsatz in den Topf hängen, zudecken und den Herd ausschalten. Nach 1 Minute den Topf vom Herd nehmen und den Fisch weitere 4 bis 5 Minuten zugedeckt ziehen lassen. ▸▸

6   1 Esslöffel Butter in einer Kasserolle erhitzen, die Schalotten oder Zwiebeln mit den restlichen Lauch-, Sellerie- und Möhrenstreifen dazugeben und das Gemüse anschwitzen; dabei öfter umrühren, damit das Gemüse nicht braun wird. Mit 1 Schuss Champagner ablöschen. Die Lachskoteletts vorsichtig aus dem Topf nehmen und in Alufolie wickeln (so bleiben sie rosa und zerfallen nicht).

7   Den Champagnerfond durch ein Sieb zum Gemüse gießen, die Crème fraîche und den Trüffelfond darunter rühren und alles bei kräftiger Hitze ohne Deckel stark einkochen lassen, bis die Sauce schön sämig ist.

8   Die Sahne steif schlagen. Die Bohnenstreifen zusammen mit dem Trüffel in die Sauce geben und mit Salz, Pfeffer, Zucker und 1 Esslöffel Wermut abschmecken.

9   Das Eigelb in einer kleinen Schüssel verquirlen, 3 Esslöffel von der nicht mehr kochenden Sauce dazugeben, die steife Sahne vorsichtig unterziehen.

10 Die Lachskoteletts auf vorgewärmten Tellern anrichten. Den sich in der Folie gesammelten Fond unter die Sauce mischen, Gemüse und Sauce neben dem Fisch verteilen. Rasch servieren.
Zubereitungszeit: ca. 60 Minuten

Info   **Fisch und Pilz kombinieren? Kein Grund zur Skepsis! Solange Fische und Pilze kein zu ausgeprägtes Eigenaroma haben, spricht die französische Küche von einer »geschmacklichen Vermählung«. Fast jedes Fischfilet lässt sich beispielsweise sehr lecker auf Pilzragout servieren.**

Tipp   **Als Beilage zum Lachs schmecken in Butter geschwenkte Kartoffeln, als Getränk bietet sich ein frischer Chablis an.**

Hauptgericht

Gebackener Karpfen auf fränkische Art

Für 4 Portionen

4 Karpfenhälften, mittelgroß, küchenfertig

Salz

weißer Pfeffer aus der Mühle

4 EL Mehl

3 Eier

4 EL Semmelbrösel

150–200 g Butterschmalz

2 Stängel Petersilie

4 Scheiben Zitrone, unbehandelt

Thermische Eigenschaften

kalt | *kühl* | *neutral* | **warm** | **heiß**

1 Den Fisch mit einer weichen Bürste unter fließendem kaltem Wasser abbrausen, trockentupfen, innen und außen salzen und pfeffern. In Mehl wenden. Dann durch die verschlagenen Eier ziehen und mit Semmelbröseln panieren.

2 In einer tiefen Pfanne oder einem Brattopf im heißen Butterschmalz ca. 20 Minuten ausbacken. Wenn die Außenschicht goldbraun ist (bzw. beim Ziehen an der Kopfflosse muss sich diese ganz leicht herauslösen lassen), herausnehmen und das Fett auf Küchenpapier abtropfen lassen.

3 Auf einer warmen Platte anrichten, mit Petersilie und Zitronenscheiben garnieren.

Zubereitungszeit: ca. 40 Minuten

Tipp Zum gebackenen Karpfen passen Kartoffel- und gemischter Salat, als Getränk Bier oder trockener fränkischer Silvaner.

Hauptgericht

Gedämpfte Forelle chinesisch

Für 4 Portionen

3 EL Sesamöl

2 EL Sojasauce, hell

2 EL Sojasauce, dunkel

4 Forellen, küchenfertig

6–8 Knoblauchzehen, zerdrückt

24 Lauchzwiebeln in Ringen

3 Stücke Ingwer, frisch (ca. 6 cm)

6 EL Olivenöl

⅛ l Wermut, trocken

Außerdem

Alufolie

Thermische Eigenschaften

kalt | *kühl* | *neutral* | **warm** | **heiß**

1 Sesamöl mit den Sojasaucen vermischen und die Fische damit von innen und außen bestreichen.

2 Knoblauch, Lauchzwiebeln und geschälten, geriebenen Ingwer miteinander vermengen. Etwa die Hälfte der Masse auf die 4 Forellen verteilen und sie damit füllen.

3 Die Fische auf jeweils 1 ausreichend großes Stück Alufolie legen, die restliche Knoblauch-Lauchzwiebel-Ingwer-Mischung auf den Fischen verteilen, mit Olivenöl und Wermut beträufeln. Die Alufolienstücke fest verschließen.

4 Im Backofen bei 220 °C (Gas Stufe 4–5, Umluft 200 °C) ca. 15 bis 20 Minuten garen und kurz vor dem Servieren mit dem ausgetretenen Saft aus der Alufolie begießen.

Zubereitungszeit: ca. 40 Minuten

Hauptgericht

Lammtopf mit Sommergemüse

1 Gewaschenes und trockengetupftes Lammfleisch in 2 bis 3 Zentimeter große Würfel schneiden. Die abgezogene Zwiebel hacken. In einer großen Kasserolle oder einem Schmortopf das Olivenöl erhitzen, das Fleisch hineingeben und zusammen mit der Zwiebel braun anschwitzen.

2 Ingwer schälen und hacken, Knoblauch abziehen und klein schneiden. Beides zum Fleisch geben und mit Salz und Pfeffer abschmecken. Mit ½ Liter heißem Wasser aufgießen. Lorbeerblatt, Rosmarinnadeln, Thymian und Paprikapulver unter Rühren hinzufügen. Bei geringer Hitze ca. 25 Minuten zugedeckt schmoren.

3 In der Zwischenzeit die gewaschenen Auberginen und Zucchini sowie die gewaschenen und geschälten Möhren klein schneiden und mit den Tomaten zum Lammtopf geben. Nochmals ca. 25 Minuten schmoren, gelegentlich umrühren.

4 Das Lorbeerblatt und die Rosmarinnadeln entfernen und den Lammtopf servieren.

Zubereitungszeit: ca. 65 Minuten

Für 4 Portionen

700 g Lammfleisch aus der Schulter, durchwachsen

1 Zwiebel, groß

3 EL Olivenöl

1 Stück Ingwer, frisch (ca. 3 cm)

3 Knoblauchzehen

Salz

weißer Pfeffer aus der Mühle

1 Lorbeerblatt

1 Rosmarinzweig

1 TL Thymian, gerebelt

1–2 EL Paprikapulver, edelsüß

200 g Auberginen

300 g Zucchini

3 Möhren

4 Tomaten, mittelgroß, enthäutet, halbiert

Thermische Eigenschaften

kalt | kühl | **neutral** | **warm** | *heiß*

Zum Lammtopf passen Pellkartoffeln, gekochte Kichererbsen oder Kuskus.

Hauptgericht

Kühle Entenbrust mit Orangenscheiben und Salat

Für 4 Portionen

4 Entenbruststücke (à ca. 250 g)

Salz

2 TL Olivenöl

2 TL Sesamöl

2–3 EL Limettensaft

Saft und abgeriebene Schale von 1 Orange, unbehandelt

3 TL Fischsauce

1 ½ EL Ingwerwurzel, frisch, geraspelt

1–2 Knoblauchzehen, zerdrückt

2 TL Sojasauce, hell

3 Frühlingszwiebeln, klein geschnitten

1 TL Zucker

ca. 250 g Salatblätter, verschiedene Sorten

2 Orangen, unbehandelt, in Scheiben

Thermische Eigenschaften

kalt | **kühl** | **neutral** | **warm** | *heiß*

1 Entenbruststücke waschen, trockentupfen und halbieren. Die Haut mit einer Gabel an mehreren Stellen einstechen. Das Fleisch salzen. Mit der Haut nach unten auf einen Rost legen, eine Fettpfanne unterschieben. Das Entenfleisch im auf 150 °C (Gas Stufe 1, Umluft 130 °C) vorgeheizten Backofen ca. 10 Minuten braten, mehrmals wenden, bis es außen knusprig und innen rosa gegart ist.

2 Für die Würzsauce Oliven- und Sesamöl mit Limettensaft, Orangenschale und -saft, Fischsauce, Ingwerwurzel, Knoblauch, Sojasauce, Frühlingszwiebeln und Zucker gut vermengen.

3 Das Entenfleisch aus dem Backofen nehmen und abkühlen lassen. Die Entenbruststücke mit einem sehr scharfen Messer in dicke Scheiben schneiden. Ein wenig von der Würzsauce über das Entenfleisch träufeln.

4 Zum Servieren verschiedene Salatblätter auf einer Platte anordnen. Die Entenbrustscheiben dekorativ auf dem Salatbett arrangieren, mit der restlichen Sauce überträufeln und mit den Orangenscheiben garnieren.

Zubereitungszeit: ca. 30 Minuten

Info Nasse Badesachen am Leib können zu Blasenentzündungen führen. Dann hilft das Schüßler-Salz Ferrum phosphoricum D12: stündlich 3 bis 4 Tabletten im Mund zergehen lassen, ab dem 2. Tag im Wechsel mit Natrium phosphoricum D6.

Zum Anbeißen: zarte Entenbrust mit Orangen. Ein Gericht, dessen thermische Eigenschaften von kühl über neutral bis leicht wärmend reichen.

Dessert

Himbeeren auf Mürbeteig

Für 12 Portionen

Für den Mürbeteig

300 g Weizenmehl

225 g Süßrahmbutter, zimmerwarm

1 TL Zucker

2 Eier

1 TL Salz

2–3 EL Crème fraîche

Für den Belag

750 g Himbeeren

80 g Johannisbeergelee

1 EL Himbeergeist

200 g Sahne, steif geschlagen

Außerdem

Frischhaltefolie

Springform

ca. 400 g Erbsen oder Linsen, getrocknet

Alufolie

Thermische Eigenschaften

kalt | **kühl** | **neutral** | warm | heiß

1   Das Mehl auf die Arbeitsfläche sieben. Eine Mulde machen, die Butter in kleinen Stücken hineingeben, außerdem Zucker, Eier, Salz und Crème fraîche. Alle Zutaten mit den Fingerspitzen rasch zu einem lose geschichteten Teig aufhäufen – nicht kneten! Dann jeweils walnussgroße Stückchen mit Handballen und/oder Daumenkuppe von sich weg über die Arbeitsfläche reiben – die Zutaten verreiben, nicht verkneten, bis der gesamte Teig verrieben ist. Jetzt alles zu einer lockeren Kugel aufschichten, in Frischhaltefolie wickeln und mindestens 2 Stunden, besser über Nacht im Kühlschrank ruhen lassen.

2   Den Teig 1 Stunde vor dem Weiterverarbeiten aus dem Kühlschrank nehmen. Auf der bemehlten Arbeitsplatte zu einem 4 Millimeter dünnen Fladen ausrollen, in eine ausgebutterte Springform legen. Den Rand vorsichtig andrücken, überschüssigen Teig mit einem Messer abschneiden. Den Teigboden mehrmals mit einer Gabel einstechen, damit beim Backen die Luft entweicht. Alufolie so über den Teig legen, dass die Ränder hochstehen. Die Folie leicht am Boden festdrücken. Die Springform etwa 2 Fingerbreit mit Erbsen oder Linsen auffüllen, damit sich der Teig beim Backen nicht aufwirft. Im vorgeheizten Backofen bei 250 °C (Gas Stufe 6, Umluft 230 °C) 25 Minuten lang backen, aus dem Ofen nehmen, die Alufolie mitsamt Hülsenfrüchten herausheben und den Kuchen auskühlen lassen.

3   Für den Belag die Himbeeren kurz mit kaltem Wasser abbrausen und auf Küchenpapier abtropfen lassen. Den kalten Kuchenboden spiralförmig mit den Himbeerspitzen nach oben belegen. In einem Pfännchen Johannisbeergelee unter raschem Rühren erhitzen, bis es flüssig wird. Mit Himbeergeist aromatisieren und diesen Guss gleichmäßig über die Himbeeren geben. Die Torte mit der Sahne servieren.

Zubereitungszeit: mindestens 2 Stunden Ruhezeit für den Teig + 90 Minuten

Info   **Die mitgebackenen Hülsenfrüchte, die ein Aufwerfen des Teiges verhindern, können Sie für diesen Zweck immer wieder verwenden.**

Dessert

»Kerscheplotzer« – pfälzischer Kirschenauflauf

Für 4 Portionen

1 kg Schattenmorellen

4 Eier

200 g Paniermehl

250 g Sahne

abgeriebene Schale von 1 Zitrone, unbehandelt

100 g Mandeln, gehackt

130 g Vollrohr- oder brauner Zucker

1 Prise Salz

1 Messerspitze Zimtpulver

etwas Butter

ca. 1 EL Semmelbrösel, grob

etwas Puderzucker

1 Die gewaschenen Kirschen in einem Sieb abtropfen lassen. Eier trennen. Die Eigelbe mit Paniermehl, Sahne, der Zitronenschale, Mandeln, Zucker, Salz und Zimt gründlich verrühren. Das Eiweiß steif schlagen und unterheben. Die Kirschen vorsichtig untermischen.

2 In eine gut ausgebutterte, mit groben Semmelbröseln ausgestreute Form füllen und bei 200 °C (Gas Stufe 3–4, Umluft 180 °C) im Ofen backen, bis die gewünschte Konsistenz und Farbe erreicht ist. Aus dem Ofen nehmen, etwas abkühlen lassen.

3 Den Auflauf vor dem Servieren mit Puderzucker bestäuben.
   Zubereitungszeit: ca. 50 Minuten

Thermische Eigenschaften
*kalt | kühl | **neutral** | warm | heiß*

Dessert

Saftige Kirschsülze

Für 4 Portionen

1 kg Schattenmorellen

200 g Vollrohr- oder brauner Zucker

Saft von 1 Zitrone, unbehandelt

8 Blatt Gelatine

1 l Weißwein, trocken

1 Die Kirschen waschen und mit dem Zucker in ½ Liter Wasser in ca. 10 Minuten weich kochen. Den Sud abgießen, den Zitronensaft über die Kirschen träufeln.

2 Die Gelatine in etwas Wasser einweichen und im erwärmten Weißwein auflösen. Die entstandene Sülze über die Kirschen verteilen.
   Zubereitungszeit: 20 Minuten

Thermische Eigenschaften
*kalt | kühl | **neutral** | warm | heiß*

 **Zur Kirschsülze sind Schokoladenwaffeln oder Zartbitterkekse geradezu unwiderstehlich.**

Rezepte für den Wassertyp im Herbst und Winter

Frühstück

Für 4 Portionen

200 g Mayonnaise
4 EL Joghurt natur
2 Spritzer Zitronensaft
½ Zwiebel, gehackt
Salz
1 Spritzer Worcestersauce
weißer Pfeffer aus der Mühle
250–300 g Nordseekrabben, gepult
4 Eier, hart gekocht, halbiert
½ Schale Kresse

Thermische Eigenschaften

kalt | *kühl* | ***neutral*** | *warm* | *heiß*

Halligfrühstück mit Krabben und Eiern

1 Aus Mayonnaise, Joghurt, Zitronensaft und der Zwiebel eine Sauce anrühren. Mit Salz, Worcestersauce und Pfeffer abschmecken.

2 Die Hälfte der Krabben untermischen und auf einer Platte anrichten. Die Eihälften mit Salz und Pfeffer würzen und am Rand der Platte anordnen. Die restlichen Krabben in die Mitte häufen, mit Zitronensaft beträufeln und mit Kresse garnieren.

Zubereitungszeit: ca. 10 Minuten

Zwischenmahlzeit

Für 4 Portionen

2–3 EL Olivenöl
1–2 EL Zitronensaft
1 TL Ketchup
Salz
weißer Pfeffer aus der Mühle
250–300 g Nordseekrabben, gepult
2 Chicorée, mittelgroß
4 Blutorangen, klein, in Spalten

Thermische Eigenschaften

kalt | *kühl* | ***neutral*** | *warm* | *heiß*

Krabben mit Chicorée und Blutorangen

1 Aus Öl, Zitronensaft und Ketchup eine Sauce anrühren. Mit Salz und Pfeffer abschmecken. ⅔ der Krabben untermengen.

2 Auf einer Platte die gewaschenen Chicoréeblätter auslegen. Die angemachten Krabben darauf verteilen. Mit den Blutorangen und den restlichen Krabben umlegen.

Zubereitungszeit: ca. 10 Minuten

Info Den Typbogen für das Wasserelement mit seinen Charakteristika und Eigenschaften finden Sie auf Seite 34ff.

Kleines Hauptgericht

Makrelenfilets mit Orangen-Nuss-Reis

1 Den Reis nach Packungsanweisung gar kochen, abgießen und beiseite stellen.

2 Orangen heiß waschen, von 1 die Schale abreiben und den Saft auspressen. Die 2. Orange schälen, die Schale in lange Streifen schneiden und als Garnitur beiseite legen. Das Fruchtfleisch klein schneiden. Die 3. Orange ebenfalls schälen, die Spalten auslösen und als Garnitur aufbewahren.

3 Die Butter in einem Topf erhitzen. Zwiebel und Sellerie darin bei mittlerer Hitze 3 bis 5 Minuten anschwitzen. Den Topf von der Kochstelle nehmen, Orangenfruchtfleisch mit der Hälfte des Safts und den Walnüssen unterrühren. Reis, Rosmarin und die Orangenschale dazufügen, alles mit Salz und Pfeffer abschmecken und ein paar Minuten durchziehen lassen.

4 Makrelenfilets locker mit einem Teil der Mischung füllen und aufrollen, mit Zahnstochern feststecken. Die restliche Mischung auf ein Backblech geben und die gerollten Makrelen dazulegen. Mit Alufolie abdecken und im vorgeheizten Backofen bei 200 °C (Gas Stufe 3–4, Umluft 180 °C) ca. 30 Minuten garen.

5 Fisch und Orangenreis auf einer vorgewärmten Platte anrichten, mit Orangenschale und -spalten garnieren und servieren.
Zubereitungszeit: ca. 50 Minuten

*Tipp* **Zu den Makrelenfilets passt Feldsalat oder anderer grüner Salat mit Zitronendressing.**

Für 4 Portionen

3 Orangen, unbehandelt

30 g Butter

1 Zwiebel, fein gehackt

2 Selleriestauden, gehackt

50 g Walnusskerne, gehackt

120 g Naturreis

½ EL Rosmarin, gerebelt (alternativ: 2 Rosmarinzweige)

Salz

weißer Pfeffer aus der Mühle

8 Makrelenfilets, küchenfertig

Außerdem

Zahnstocher

Alufolie

Thermische Eigenschaften
*kalt | kühl | **neutral** | warm | heiß*

Salat

Omas Krautsalat

Für 4–6 Portionen

1 Kopf Weißkraut (ca. 1 kg)

Salz

3 EL Gänse- oder Schweineschmalz

125 g Räucherspeck, durchwachsen

2–3 Zwiebeln, mittelgroß

8 EL Weinessig

schwarzer Pfeffer aus der Mühle

1 Prise Zucker

1–2 TL Kümmel, gemahlen

Thermische Eigenschaften

kalt | kühl | **neutral** | warm | heiß

1 Krautkopf waschen und putzen, den Kopf vierteln und die Strunkteile herausschneiden. Das Kraut möglichst fein hobeln oder schneiden, in eine große Schüssel geben und leicht salzen, sodass es zusammenfällt. Bei geringer Hitze in einem großen Topf leicht anwärmen (nicht garen!); dabei laufend wenden. Die Kochstelle ausschalten.

2 In der Zwischenzeit in einem Pfännchen das Schmalz erhitzen und den in kleine Würfel geschnittenen Speck mit den abgezogenen und fein geschnittenen Zwiebeln darin gleichmäßig hellbraun anschwitzen. Den Pfanneninhalt über das Kraut gießen. Mit Essig, Pfeffer, Salz, Zucker und Kümmel abschmecken. Gut durchmischen und zum Durchziehen mindestens 30 Minuten lauwarm stellen.

Zubereitungszeit: ca. 50 Minuten

Tipp Omas Krautsalat schmeckt zu Braten besonders herzhaft. Als Zwischenmahlzeit eignet er sich, wenn einige frisch gekochte, noch warme Salatkartoffeln fein geschnitten vorsichtig darunter gehoben werden.

Hauptgericht

Weißkrauttopf mit Lammfleisch

Für 4 Portionen

1 Kopf Weißkraut (ca. 1 kg)

500 g Kartoffeln, festkochend

400 g Lammfleisch

125 g Speck, durchwachsen

1 Zwiebel, groß

1 EL Tomatenmark

½ TL Kümmel, gemahlen

Salz

schwarzer Pfeffer aus der Mühle

1 TL Zucker

½ TL Paprikapulver, edelsüß

Thermische Eigenschaften

kalt | kühl | neutral | **warm** | **heiß**

1 Weißkraut waschen und putzen, Kartoffeln waschen und schälen. Das Kraut in kleine Stücke schneiden, die Kartoffeln würfeln. Gewaschenes und trockengetupftes Lammfleisch und Speck würfeln. Zwiebel abziehen und fein hacken.

2 Das Fleisch mit dem Speck in einem großen Topf hellbraun anschwitzen. Zwiebel dazugeben und mitschwitzen. Tomatenmark und Kümmel unterrühren. Mit ½ Liter heißem Wasser aufgießen, alles mit Salz, Pfeffer, Zucker und Paprikapulver abschmecken. Zugedeckt ca. 60 Minuten schmoren.

3 Kraut und Kartoffeln dazugeben und alles weitere 30 Minuten garen. Vor dem Servieren nochmals abschmecken.

Zubereitungszeit: ca. 110 Minuten

Suppe

Krautsuppe – Borschtsch

1 Das Fleisch mit der abgezogenen ganzen Zwiebel, dem Lorbeerblatt und den Pfefferkörnern in ca. 1 ½ Litern Wasser in einem großen Topf aufsetzen. Bei geringer Hitze 60 Minuten köcheln.

2 In der Zwischenzeit das Gemüse waschen, putzen und gegebenenfalls schälen. Alles bis auf 1 Rote Bete in feine Streifen schneiden. Die 2. Rote Bete raspeln, mit Essig, Zucker und 1 Esslöffel Wasser vermischen und die Roten Bete Saft ziehen lassen.

3 Wenn das Fleisch gar ist, aus der Brühe nehmen und in möglichst kleine Stücke schneiden. Die Brühe abseihen, das klein geschnittene Gemüse und Fleisch dazugeben. Mit Salz und Pfeffer abschmecken und alles weitere 30 Minuten garen.

4 Rote Bete mit Saft dazugeben, damit sich die Suppe schön rot färbt. Alles im offenen Topf kurz aufkochen, nochmals abschmecken und in weißen Tellern servieren. Den Sauerrahm in einem Schälchen getrennt reichen und nach Belieben in die Suppe einrühren.

Zubereitungszeit: ca. 100 Minuten

Tipp **Zu Borschtsch isst man traditionell Schwarzbrot – Sie können aber auch Weißbrot dazu reichen. Es gibt im sogenannten Borschtschgürtel zwischen Polen und Wolga unzählige regionale Rezeptvarianten für die Suppe. Allen gemeinsam ist, dass die Zubereitung wegen der langen Garzeiten sehr aufwendig ist. Wenn Sie es eilig haben: Im Schnellkochtopf wird das Fleisch in 15 bis 20 Minuten gar, das Gemüse in 8 bis 10 Minuten.**

Für 4 Portionen

250 g Rindfleisch
250 g Schweinefleisch, mager
250 g Rauchfleisch, durchwachsen
1 Zwiebel, mittelgroß
1 Lorbeerblatt
3–6 Pfefferkörner, schwarz
300 g Weißkraut
2 Rote Bete, mittelgroß
½ Sellerieknolle, mittelgroß
2 Möhren, klein
1 Petersilienwurzel
1 EL Weinessig
1 Messerspitze Zucker
Salz
schwarzer Pfeffer aus der Mühle
250 g Sauerrahm

Thermische Eigenschaften
kalt | kühl | **neutral** *|* **warm** *| heiß*

Hauptgericht

Krautkopf mit Hackfleischfüllung im Tomatenbett

Für 4 Portionen

1 Kopf Weißkraut (ca. 1–1,2 kg)

Salz

3 Lorbeerblätter

12 Pfefferkörner, schwarz

½ TL Kümmel, gemahlen

Für die Füllung

1 Brötchen, altbacken

150 g Speck, geräuchert, durchwachsen

1 Zwiebel, groß

2 EL Olivenöl

90 g Butter

600 g Hackfleisch (Lamm und Rind)

1 EL Petersilie, frisch oder TK-Ware

Salz

schwarzer Pfeffer aus der Mühle

Für das Tomatenbett

1 ½ kg Tomaten

3 Knoblauchzehen

3 Zweige Thymian, frisch (alternativ: 1 TL, gerebelt)

¼ l Fleischbrühe

Salz

1 Messerspitze Pimentpulver

schwarzer Pfeffer aus der Mühle

Außerdem

Küchengarn

Alufolie

Thermische Eigenschaften

kalt | kühl | **neutral** | **warm** | heiß

Tipp Der Krauttopf schmeckt mit etwas Sahne oder Crème fraîche besonders lecker. Als Beilage passen Pellkartoffeln, in Butter gewendete kleine Kartoffeln oder Nudeln.

1 Den Strunk aus dem Krautkopf mit einem Krautstecher oder einem stabilen Messer herauslösen – der Kopf muss als Ganzes erhalten bleiben. Den Kopf aushöhlen – so viel herausschneiden, dass die Hackfleischfüllung hineinpasst.

2 Für die Füllung das Brötchen in etwas lauwarmem Wasser einweichen. Speck von der Schwarte befreien und in feine Würfel schneiden. Zwiebel abziehen und ebenfalls klein würfeln. Das Brötchen gut ausdrücken. Öl in einer Pfanne erhitzen, Speck und Zwiebel darin anschwitzen. Die Butter dazugeben und alles leicht bräunen. Hackfleisch, Speck und Zwiebel in eine Schüssel geben, das gut ausgedrückte Brötchen und die Petersilie dazufügen. Den Hackfleischteig kräftig durchkneten, mit Salz und Pfeffer abschmecken und etwas durchziehen lassen.

3 Inzwischen einen großen Topf mit Wasser aufsetzen, Salz, Lorbeerblätter, Pfefferkörner und Kümmel dazugeben, kurz aufkochen. Den ausgehöhlten Krautkopf ins Wasser geben und ca. 30 Minuten köcheln. Danach herausnehmen und abtropfen lassen.

4 Den Backofen auf 200 °C (Gas Stufe 3–4, Umluft 180 °C) vorheizen. Den Hackfleischteig in den Krautkopf einfüllen. Ein paar kleinere Krautblätter abnehmen und auf die Öffnung legen. Den Kopf mit Küchengarn mehrfach über Kreuz zusammenbinden. Mit der breiten Basis in eine Auflaufform mit möglichst hohem Rand setzen.

5 Für das Tomatenbett die Tomaten überbrühen, häuten, vierteln, die grünen Stielansätze entfernen und die Viertel um den Krautkopf gruppieren. Knoblauchzehen abziehen, klein schneiden und auf die Tomaten verteilen. Thymian hinzufügen, die Fleischbrühe angießen, den Tomatenfond mit Salz, Piment und Pfeffer abschmecken und in die Auflaufform füllen. Die Form mit Alufolie abschließen. Auf der unteren Schiene des Backofens 2 bis 3 Stunden garen, bis der Krautkopf gar ist (mit einer schmalen Gabel oder einer langen Nadel überprüfen). ▸▸

6 Serviert wird der Krautkopf in Kuchenstücke geschnitten, auf vorgewärmte Teller gegeben und mit den Tomaten angerichtet.
Zubereitungszeit: ca. 240 Minuten

Beilage

Überbackener Fenchel mit Parmesan

1 Die Fenchelknollen halbieren, gut waschen und putzen. In wenig Salzwasser ca. 15 Minuten dünsten. Wenn der Fenchel in seine einzelnen Schichten zerfallen ist, herausheben und abtropfen lassen.

2 Den Backofen auf 200 °C (Gas Stufe 3–4, Umluft 180 °C) vorheizen. Eine Auflaufform ausbuttern und den Fenchel einlegen, mit Salz und Pfeffer würzen. Parmesan darüber streuen, den Auflauf in den Backofen schieben und überbacken, bis der Käse zu bräunen beginnt.
Zubereitungszeit: ca. 45 Minuten

Für 4 Portionen
800–1000 g Fenchelknollen
Salz
3 EL Butter
schwarzer Pfeffer aus der Mühle
70 g Parmesan

Thermische Eigenschaften
*kalt | kühl | neutral | **warm** | heiß*

Zum Fenchel passen Petersilienkartoffeln. Als Variation ist ein Aufguss mit Sauerrahm möglich: Der Fenchel wird saftiger – aber die Kalorienzahl steigt.

Hauptgericht vegetarisch

Linsen mit Nudeln, Reis und Chilisauce

Für 4 Portionen

8 Chilischoten, klein, getrocknet

4 Knoblauchzehen

je 1 TL Kreuzkümmel-, Koriander- und Pimentpulver

1 EL Zitronensaft

2 EL Weißweinessig

4 EL Olivenöl

2 Zwiebeln, groß

8 EL Sonnenblumenöl

225 g Linsen, braun oder grün

Salz

230 g Lang- oder Mittelkornreis

100 g Spaghetti aus Hartweizen

eventuell einige Korianderblättchen, frisch

Chilisauce nach Geschmack

Thermische Eigenschaften

kalt | *kühl* | *neutral* | **warm** | **heiß**

1 Chilis mit 6 Esslöffel kochend heißem Wasser übergießen und 15 Minuten quellen lassen.

2 Chilis, abgezogenen Knoblauch, die Hälfte der Gewürze, Zitronensaft, Essig und Olivenöl pürieren und beiseite stellen.

3 Zwiebeln abziehen und in dünne Scheiben schneiden. Sonnenblumenöl in einem Schmortopf erhitzen und die Zwiebeln darin rösten, dann herausheben und auf Küchenpapier abtropfen lassen.

4 Die Linsen in das Bratöl geben, ½ Liter gesalzenes Wasser angießen und die Linsen bei mittlerer Hitze etwa 15 Minuten garen. Dann ca. ¼ Liter Wasser dazugeben, den Reis einrühren und 10 Minuten zugedeckt köcheln. Nudeln und restliche Gewürze unterrühren. So viel Wasser dazugeben, wie nötig ist, damit nichts am Topfboden anklebt.

5 Wenn die Nudeln bissfest sind, alles auf einer Platte anrichten und mit den gerösteten Zwiebeln garnieren. Nach Geschmack Korianderblättchen dazugeben. Die Chilisauce separat servieren.

Zubereitungszeit: ca. 50 Minuten

Info Linsen sind seit einigen Jahren wieder in aller Munde. Und das zu Recht. Sie kräftigen Nerven und Gehirn, liefern Eisen für die Blutbildung, wirken entwässernd und stimulieren die Hormonproduktion. Und sie schmecken in allen Variationen, ob grün, gelb, rot oder braun – es gibt weit über 50 Sorten.

Hauptgericht vegetarisch

Mischgemüse mit gebratenem Wildreis

1 Die getrockneten Pilze mindestens 30 Minuten in heißem Wasser einweichen.

2 Inzwischen Lauch, Sellerie, Bohnen und Möhre waschen, putzen und klein schneiden, ebenso die Bambussprossen. Die abgezogene Zwiebel hacken, in einem Topf im heißen Öl anschwitzen, Gemüse und Ingwer dazugeben. Alles zusammen etwa 5 Minuten zugedeckt dünsten.

3 Mit ca. 1 Liter Wasser aufgießen, klein geschnittene Pilze, Bohnenkeime und Erbsen dazugeben. Mit Sojasauce, Salz und Pfeffer abschmecken. Das Gemüse heiß servieren und dazu den vorgekochten und gebratenen Wildreis reichen.

Zubereitungszeit: ca. 50 Minuten

Info Wildreis (»Indianerreis«) ist die Frucht eines in Nordamerika und Kanada wachsenden Wassergrases. Er wird grün geerntet und dann getrocknet (gedarrt). Die braun-schwarzen Körner haben einen zarten nussigen Geschmack und sind Farbtupfer für viele Gerichte. Wildreis ist reich an Kalium, Eisen und Phosphor und arm an Fett.

Für 4 Portionen

10 Shiitakepilze, getrocknet

1 Stange Lauch

2 Stangen Sellerie

150 g Bohnen, grün

1 Möhre, mittelgroß

100 g Bambussprossen aus dem Glas (Abtropfgewicht)

1 Zwiebel, klein

3–4 EL Olivenöl

1–2 TL Ingwer, frisch, gehackt

50 g Bohnenkeime

50 g Erbsen, TK-Ware

3 EL Sojasauce, dunkel

Salz

schwarzer Pfeffer aus der Mühle

700 g Wildreis, körnig gekocht und gebraten (aus ca. 230 g rohem Reis)

Thermische Eigenschaften

kalt | *kühl* | **neutral** | *warm* | *heiß*

Hauptgericht

Ente aus dem Wok mit buntem Gemüse

1   Eiweiß und Stärkemehl in einer Schüssel verrühren. Das gewaschene und trockengetupfte Entenfleisch in ca. 2 Zentimeter große Würfel schneiden, in die Eiweißmischung eingeben und ca. 30 Minuten darin belassen.

2   Zum Frittieren ausreichend Pflanzenöl in einem großen Wok (oder ersatzweise einer großen Kasserolle) erhitzen, bis ein hineingehaltener hölzerner Kochlöffel Bläschen aufsteigen lässt und das Öl gerade zu rauchen beginnt. Entenfleisch aus der Eiweißmischung heben und 4 bis 5 Minuten im heißen Öl braten, bis es knusprig ist, herausnehmen und auf Küchenpapier abtropfen lassen.

3   Paprikaschoten, Chilischote, Lauch und Bohnen in den Wok geben, kurz anbraten, dann das Gemüse herausheben und ebenfalls auf Küchenpapier abtropfen lassen.

4   Das Öl bis auf ca. 2 Esslöffel aus dem Wok gießen, Knoblauch und Bohnenkraut hineingeben und ca. ½ Minute bei geringer Hitze anbraten. Sherry oder Reiswein, Zucker, Sojasauce und Hühnerbrühe einrühren, mit Salz und Pfeffer abschmecken und alles aufkochen. Das Entenfleisch darunter mengen und ca. 10 Minuten garen, bis das Gemüse die gewünschte Bissfestigkeit erreicht hat.

5   Fleisch und Gemüse auf vorgewärmte Teller geben, mit Sesam bestreuen und servieren.
   Zubereitungszeit: ca. 60 Minuten

   **Zur Ente aus dem Wok passt als Beilage Reis natürlich sehr gut.**

Für 4 Portionen

1 Eiweiß

2 EL Stärkemehl

450 g Entenfleisch, ohne Haut und Knochen

Pflanzenöl zum Frittieren

je 1 rote und gelbe Paprikaschote, gewürfelt

1 Chilischote, rot, klein

1 Stange Lauch in Scheiben

150 g Bohnen, grün, gebrochen in ca. 5 cm große Stücke

2 Knoblauchzehen, zerdrückt

1 Bund Bohnenkraut, frisch (alternativ: 1 EL Bohnenkraut, gerebelt)

2 TL Sherry, trocken (alternativ: chinesischer Reiswein)

1 TL Zucker, braun

3 EL Sojasauce, hell

⅛ l Hühnerbrühe

Salz

schwarzer Pfeffer aus der Mühle

2 TL Sesamkörner

Außerdem

Wok

Thermische Eigenschaften
kalt | *kühl* | **neutral** | **warm** | *heiß*

Der Wok wird auch in unseren Breiten immer beliebter. Zahlreiche Gerichte lassen sich darin einfach und schonend zubereiten. Ente mit buntem Gemüse aus dem Wok ist ein Klassiker.

Hauptgericht

Blaue Krautwickel

Für 4 Portionen

Für die Krautwickel

8 Blaukrautblätter, groß

4 EL Weinessig

2 EL Schmalz oder Olivenöl

375 ml Bouillon

⅛ l Rotwein, trocken

125 g Sahne

Für die Füllung

1 Brötchen, altbacken

50 g Speck, durchwachsen

1 Zwiebel, mittelgroß

250 g Hackfleisch, gemischt

100 g Mischpilze aus der Dose

1 Ei

etwas Thymian, gerebelt

etwas Rosmarin, gerebelt

Salz

schwarzer Pfeffer aus der Mühle

Außerdem

Rouladennadeln
(alternativ: Zahnstocher)

Thermische Eigenschaften

kalt | kühl | **neutral** | warm | heiß

1 Den Strunkansatz der gewaschenen Blaukrautblätter keilförmig herausschneiden und die Rippen eventuell mit einem scharfen Messer vorsichtig abflachen. Essig in 1 Liter Wasser geben, zum Kochen bringen und die Krautblätter darin kurz blanchieren, herausnehmen und abtropfen lassen.

2 Für die Füllung das Brötchen in etwas lauwarmem Wasser einweichen. Speck fein würfeln und in einer Pfanne bei mittlerer Hitze etwas anschwitzen, dann die abgezogene und fein gehackte Zwiebel dazugeben und mitschwitzen lassen, bis sie glasig ist. Hackfleisch, Zwiebel und Speckwürfel zusammen mit den gut abgetropften Pilzen in eine Schüssel geben und gründlich durchmischen. Das Brötchen ausdrücken und in den Fleischteig einkneten, Ei und Kräuter untermischen, mit Salz und Pfeffer abschmecken.

3 Je 2 Blaukrautblätter aufeinander legen und den Hackfleischteig löffelweise gleichmäßig darauf verteilen. Die Blätter an den Seiten über die Füllung schlagen und einrollen. Die Wickel mit Rouladennadeln oder Zahnstochern verschließen.

4 Fett in einem Brattopf erhitzen und die Blaukrautwickel kurz, aber kräftig von allen Seiten anbraten. Bouillon erhitzen und angießen. Die Wickel zugedeckt bei mittlerer Hitze 40 bis 45 Minuten schmoren, dann vorsichtig herausnehmen und auf einer vorgewärmten Platte im Backofen warm stellen.

5 Rotwein in den Bratensatz gießen, unter Rühren aufkochen, die Sahne dazugießen und bei mittlerer Hitze unter ständigem Rühren mit dem Schneebesen nochmals aufkochen. Die Sauce noch etwas weiterköcheln und dabei eindicken. Nochmals abschmecken und über die Blaukrautwickel geben oder in einer Sauciere servieren.

Zubereitungszeit: ca. 90 Minuten

Tipp **Zu den Krautwickeln schmecken im Ganzen gebratene kleine Kartoffeln besonders gut.**

Hauptgericht

Gedünsteter Wirsing mit Fleischbällchen

1. Hackfleisch mit Brötchen, Ei, Zwiebel, Kräutern, Salz und Pfeffer vermengen. Den Fleischteig zu kleinen Bällchen formen und im in einer Pfanne erhitzten Öl anbraten; zum Durchbraten die Butter in die Pfanne geben. Die Fleischbällchen warm stellen.

2. Wirsing waschen, Köpfe vierteln, in 2 Esslöffel Butter und wenig Wasser garen, salzen, pfeffern, mit Muskatnuss überreiben, die restliche Butter darauf verlaufen lassen, mit Kräutern bestreuen, auf Tellern anrichten und die Fleischbällchen darauf verteilen.
Zubereitungszeit: ca. 40 Minuten

 **Als Beilage zum Wirsing servieren Sie Salzkartoffeln, Kartoffelbrei oder Basilikumnudeln.**

Für 4 Portionen

Für die Fleischbällchen

500 g Hackfleisch, gemischt

1 Brötchen, eingeweicht und ausgedrückt

1 Ei

1 Zwiebel, fein gewiegt

1 EL Majoran, gerebelt

1 EL Basilikum, gerebelt

Salz

schwarzer Pfeffer aus der Mühle

3 EL Sonnenblumenöl

2 EL Butter

Für den Wirsing

1–2 Wirsingköpfe, jung

5 EL Butter

Salz

schwarzer Pfeffer aus der Mühle

etwas Muskatnuss, frisch gerieben

1 EL Basilikum, frisch, gehackt

1 EL Petersilie, frisch, gehackt

Thermische Eigenschaften
kalt | *kühl* | ***neutral*** | ***warm*** | *heiß*

Hauptgericht

Westfälisches Pökelfleisch

1. Das Fleisch in einen großen Topf in 1 Liter Wasser legen. Abgezogene und halbierte Zwiebel, Lorbeerblatt, Pfefferkörner, gewaschenes, geputztes und klein geschnittenes Suppengrün dazugeben und alles ca. 60 Minuten bei mittlerer Hitze gar kochen.

2. Fleisch aus der Brühe heben, in Scheiben schneiden, mit Meerrettich und Senfgurken auf einer Platte anrichten und servieren.
Zubereitungszeit: ca. 75 Minuten

 **Zum Pökelfleisch genießen Sie am besten Salzkartoffeln und trinken Apfelschorle.**

Für 4 Portionen

1 kg Schweinenacken oder -bauch, gepökelt

1 Zwiebel, groß

1 Lorbeerblatt

8 Pfefferkörner, schwarz

½ Bund Suppengrün

etwas Sahnemeerrettich

einige Senfgurken

Thermische Eigenschaften
kalt | *kühl* | ***neutral*** | ***warm*** | *heiß*

Hauptgericht

Fränkischer Sauerbraten

Für 4 Portionen

Für die Marinade

¼ l Weinessig
1 Zwiebel, groß, abgezogen
2 Knoblauchzehen, abgezogen
¼ Sellerieknolle
1 Möhre, halbiert
1 EL Sultaninen
3 Lorbeerblätter
10 Pfefferkörner, schwarz
6 Wacholderbeeren
1 Gewürznelke
1 Thymianzweig
1 Prise Majoran, gerebelt
1 Messerspitze Paprikapulver, scharf
1 TL Salz

Für das Fleisch

1 kg Sauerbratenfleisch vom Rind
(Nuss oder Schulter)
3 EL Sonnenblumenöl

Für die Sauce

30 g Butterschmalz
50 g Mehl
1 Prise Zucker
100 g Sahne
⅛ l Rotwein, trocken
Salz
schwarzer Pfeffer aus der Mühle
eventuell 1 EL Weinessig

Thermische Eigenschaften
kalt | kühl | **neutral** | **warm** | heiß

1 Alle Zutaten für die Marinade in 1 Liter Wasser ca. 15 Minuten kochen. Das gewaschene und trockengetupfte Fleisch in eine hohe Schüssel legen und mit der abgekühlten Marinade übergießen – es muss völlig bedeckt sein. Kühl stellen und 2 bis 3 Tage durchziehen lassen, dabei täglich 1-mal wenden.

2 Am Zubereitungstag das Fleisch aus der Marinade nehmen, abtropfen lassen, trockentupfen und in einem Schmortopf im heißen Öl von allen Seiten gut anbraten. 1 Tasse Marinade durchsieben und damit den Braten ablöschen. Kurz aufkochen, dann 375 Milliliter Marinade durchsieben und dazugeben. Den Braten bei geringer Hitze im geschlossenen Topf ca. 1 ½ Stunden schmoren. Wenn Flüssigkeit nachgefüllt werden muss, etwas heißes Wasser dazugeben. Das weiche Fleisch aus dem Topf nehmen und warm stellen.

3 In einem Pfännchen aus Butterschmalz, Mehl und Zucker eine dunkle Einbrenne zubereiten und in den Bratenfond rühren. Zur Verfeinerung die Sahne und den Rotwein hineinrühren und die Sauce mit Salz und Pfeffer abschmecken. Zur Verstärkung des sauren Bratengeschmacks eventuell Essig dazugeben.

4 Das Fleisch in Scheiben schneiden und vor dem Servieren für ca. 10 Minuten in der Sauce durchziehen lassen.

Zubereitungszeit: 2–3 Tage Marinierzeit + ca. 115 Minuten

Tipp **Der Sauerbraten lässt sich auch mit Schwein, Lamm, Hirsch oder Hase zubereiten. Neben den auf der nächsten Seite beschriebenen Klößen reicht man zu Sauerbraten Apfelkompott, Blaukraut und/oder warmen Krautsalat.**

Beilage zum Sauerbraten

Halbseidene Klöße

1 Gewaschene Kartoffeln als Pellkartoffeln kochen, schälen und durch eine Kartoffelpresse drücken oder mit einem Kartoffelstampfer zerquetschen. Nach dem Auskühlen salzen, das Stärkemehl untermischen. Die Milch aufkochen, über das Kartoffelmus gießen und einrühren. Dann das Ei untermengen. Das Brötchen aufschneiden und würfeln, in einer Pfanne in der Butter anrösten und beim Klößeformen jeweils einige Würfel in die Mitte drücken.

2 Die Klöße ca. 15 bis 20 Minuten ohne umzurühren in siedendes Salzwasser legen – wenn sie aufsteigen, sind sie fertig.

Zubereitungszeit: ca. 65 Minuten

Für 4 Portionen

1 kg Kartoffeln, mehligkochend
Salz
200 g Stärkemehl
½ l Milch
1 Ei
1 Brötchen
etwas Butter

Thermische Eigenschaften
*kalt | kühl | **neutral** | **warm** | heiß*

Klöße und Sauerbraten – ein regionales Gericht mit Kultcharakter. Die Zubereitungszeit dauert mehrere Tage. So lange währt die Vorfreude.

Kurz & bündig

Fragen & Antworten

Schüßler-Salze –
Fragen & Antworten

Wer war Dr. Schüßler?

Wilhelm Heinrich Schüßler wurde 1821 in Bad Zwischenahn bei Oldenburg geboren. Anfänglich war er als Sprachlehrer tätig. Mit 32 Jahren schrieb er sich in Paris für das Medizinstudium ein. Später wechselte Schüßler an die Universität Berlin. Seine Promotion erwarb er schließlich in Gießen. Dann ließ er sich in Oldenburg nieder und eröffnete eine Praxis als Allgemeinarzt, Wundarzt und Geburtshelfer. Seine Schrift hieß in der 25. Auflage von 1898 »Eine abgekürzte Therapie – Anleitung zur biochemischen Behandlung der Krankheiten«. Die erste Auflage war 1874 erschienen. Seither ist der Name Schüßler ein Begriff, sein biochemisches System ein alternatives Heilkonzept.

Schüßlers Biochemie – was ist das?

Der Begriff Biochemie entstand im 19. Jahrhundert und wurde erstmals bekannt, als der Wiener Chemiker Vinzenz Kletzinsky (1826–1882) im Jahr 1858 sein »Compendium der Biochemie« drucken ließ. Biochemie bedeutet Chemie des Lebens und ist die Lehre von den chemischen Vorgängen innerhalb von Lebewesen. Auch Schüßler hat sein System, in dem chemische und biologische Prozesse ineinander greifen, so bezeichnet. Er hat erkannt, dass nach dem »Gesetz des Minimums« ein biologischer Organismus nur dann gesund sein kann, wenn alle (chemischen oder anorganischen) Mineralsalze über dem Minimum dessen liegen, was eine Zelle braucht. Wenn auch nur eines unter dem minimalen Bedarf liegt, nützt es auch nichts, dass die anderen Mineralsalze in richtiger Menge vorhanden sind. Der fehlende Stoff muss ersetzt werden, ansonsten sind Erkrankungen geradezu unausweichlich.

Wie lauten Schüßlers wichtigste Lehrsätze?

▶ Seite 8

Wie kam Schüßler auf die Verdünnungen?

▶ Seite 8f.

Was sind die biochemischen Potenzen?

▶ Seite 9

Was ist der Unterschied zur Homöopathie?

Wilhelm Heinrich Schüßler hat die zwölf Mineralsalze seines therapeutischen Konzepts zwar, wie in der Homöopathie von Samuel Hahnemann üblich, stark verdünnt (potenziert). Dennoch unterschei-

Info Dr. Schüßler wurde durch die Wissenschaftskollegen Rudolf Virchow und Jakob Moleschott auf die gesundheitliche Bedeutung der Mineralstoffversorgung aufmerksam. Sie hatten herausgefunden: »Die Krankheit des Körpers ist gleich der Krankheit der Zelle.« Und: »Die Krankheit der Zelle entsteht durch Verlust an anorganischen Salzen.«

den sich die Schüßler-Salze von homöopathischen Mitteln. In der Homöopathie wird ohne Zugabe einer stofflichen Substanz nur ein Reiz gesetzt, um die Selbstheilungskräfte im Organismus anzuregen. Schüßlers Mineralsalze hingegen wirken direkt, indem sie fehlende Stoffe ersetzen, wenn auch in verdünnter Form. Die eingenommenen Mittel sind dabei diejenigen, die dem Körper tatsächlich fehlen.

Was sind Funktionsmittel?

Diese Bezeichnung stammt von Schüßler und bezeichnet die für die optimale Zellorganisation nötigen Betriebsstoffe, also die Mineralsalze, die er als lebensnotwendig erkannt hatte. Weil sie für die Zellfunktion unerlässlich sind, bezeichnete er sie als Funktionsmittel.

Welche Schüßler-Salze gibt es?

Es gibt zwölf Hauptsalze, die Dr. Schüßler bereits beschrieben hat (siehe Seite 10). Außerdem wurden über 100 Jahren von nachfolgenden Wissenschaftlergenerationen weitere 15 Mineralsalze entdeckt, die als Spurenelemente wichtige Funktionen in den Zellen von Säugetieren erfüllen. Sie werden als Ergänzungsmittel bezeichnet.

▶ Hans Wagner: Heilen mit Schüßler-Salben & Co. (Südwest Verlag, München 2008) – dieser Ratgeber enthält eine vollständige Liste mit Beschreibungen der Schüßler-Salze, -Ergänzungsmittel und -Salben. Er ist über den Online-Buchhandel beziehbar.

Welche Schüßler-Salben gibt es?

Von den zwölf Hauptsalzen werden Schüßler-Salben angeboten. Sie sind alle in der Dezimalpotenz D4 hergestellt. Ihre Einsatzgebiete entsprechen im weitesten Sinn den zugrunde liegenden Salzen. Die biochemischen Salben sind überall dort als Fertigpräparate erhältlich, wo es auch Schüßler-Salze gibt.

▶ Hans Wagner: Heilen mit Schüßler-Salben & Co. (Südwest Verlag, München 2008) – dieser Ratgeber enthält eine vollständige Liste mit Beschreibungen der Schüßler-Salze, -Ergänzungsmittel und -Salben. Er ist über den Online-Buchhandel beziehbar.

Warum kommt es bei Schüßler auf den Typ an?

Schüßler hat erkannt, dass Menschen sich auch in puncto gesundheitlicher Konstitution in Typen einteilen lassen. Der eine hat nur wenig belastbare Gelenke und ein schwaches Bindegewebe, der

12 Hauptsalze, 15 Ergänzungsmittel und 12 biochemische Salben stehen für Schüßler-Therapien zur Verfügung.

Info Am schnellsten wirken Schüßler-Salze, wenn sie über die Mundschleimhaut in den Blutkreislauf gelangen. Dazu legt man sie sich unter die Zunge und lässt sie zergehen.

andere ist anfällig für Nieren-, Blasen- oder Leberprobleme und hat eine sensible Verdauung. Dazu kommen psychische Eigenschaften, wie Furcht oder Entschlossenheit, die einen Typ prägen. Diese Eigenschaften sind an vielen Merkmalen abzulesen, die uns manchmal sogar ins Gesicht geschrieben stehen (Antlitzdiagnose). Und diese Eigenschaften sind auch jeweils einem der zwölf Lebenssalze zuzuordnen, von denen wir besonders geprägt sind.

Wie findet man seinen Schüßler-Typ heraus?

Die Konstitutionen nach Schüßler lassen sich mithilfe einer sogenannten Antlitzdiagnose beschreiben. Dadurch werden vor allem Krankheitsbilder erkannt. Neben der Gesichtsform werden die Farbe der Gesichtshaut, Grübchen, Falten, Muttermale, Unreinheiten, Zungenbelag usw. diagnostiziert. Solche Merkmale können bereits Aufschluss über organische Störungen oder die seelische Verfassung geben. Herauszufinden, welcher Typ man selbst ist, erfordert die intensive Beschäftigung mit dem eigenen Aussehen, der eigenen Konstitution und der eigenen Gesundheit. Sie sollte mit einem ehrlichen Blick in den Spiegel beginnen. Gibt es Besonderheiten, die einen von anderen unterscheiden? Was sagt der Partner? Sind im Lauf des bisherigen Lebens bestimmte Merkmale im Gesicht entstanden, die dauerhaft geblieben sind? Häufig wird es so sein, dass bestimmte Merkmale stark überwiegen, aber dennoch auch Eigenschaften anderer Typen erkennbar sind.

Wie heißen die zwölf Schüßler-Salze?

▶ Seite 10
▶ Hans Wagner: Heilen mit Schüßler-Salben & Co. (Südwest Verlag, München 2008) – dieser Ratgeber enthält eine vollständige Liste mit Beschreibungen der Schüßler-Salze, -Ergänzungsmittel und -Salben. Er ist über den Online-Buchhandel beziehbar.

Kann man mit Schüßler-Salzen abnehmen?

Mit Schüßler-Salzen allein verliert man kein Gewicht, aber sie sind die ideale Voraussetzung für eine Optimierung des Stoffwechsels. Ohne einen ungestörten Stoffwechsel funktioniert kein Abnehmprogramm. Und zusammen mit der typgerechten chinesischen 5-Elemente-Ernährung, hat man beste Voraussetzungen für eine gesunde Gewichtsreduzierung.

▶ Hans Wagner: Typgerecht abnehmen mit Schüßler-Salzen. Einzigartig kombiniert mit der chinesischen 5-Elemente-Ernährung (Südwest Verlag, München 2007). Dieses Buch ist über den Online-Buchhandel beziehbar.

Wie schnell wirken Schüßler-Salze?

Es ist immer wieder beeindruckend, wie rasch z. B. eine »Heiße Sieben« (10 Tabletten vom Salz Nr. 7, Magnesium phosphoricum D6, in ½ Glas heißem Wasser gelöst und langsam geschlürft) bei diversen Beschwerden, vor allem bei Muskelschmerzen, hilft. Mit diesem Salz hatte schon Schüßler spektakuläre Erfolge erzielt und sein Publikum verblüfft, weil bereits nach wenigen Augenblicken schlimme Schmerzen wie weggeblasen waren.

Worauf beruht die rasche Wirkung?

Auf der Tatsache, dass Schüßler-Salze, die man langsam im Mund zergehen lässt oder als »Heiße Sieben« schlürft, bereits auf der Mundschleimhaut zu wirken beginnen. Wer schon einmal Hochprozentiges mit dem Strohhalm aufgesogen oder zum Spaß Sekt oder Wein aus einem Schälchen gelöffelt hat, der weiß um die unglaublich rasche Alkoholwirkung, die dadurch eintritt. Das kommt daher, dass der Alkohol sich bei diesem Vorgehen sehr stark im Mund verteilt, dort von den Schleimhäuten aufgesogen wird und direkt ins Blut gelangt. Werden alkoholische Getränke dagegen auf übliche Weise konsumiert, gelangt ein großer Teil recht rasch in den Magen, wird durch den Magensaft verdünnt und tritt viel langsamer in die Blutbahn über.

Vertragen sich Schüßler-Salze mit Medikamenten?

Sie helfen dem Organismus sogar, Medikamente gut zu verwerten, und unterstützen damit den Heilungsprozess. Besonders wichtig sind sie für die Ausscheidung der nicht mehr benötigten oder abgebauten Stoffe.

Kann man von Schüßler-Salzen abhängig werden?

Darüber ist nichts bekannt. Es ist im Prinzip ausschließbar.

Beeinträchtigt Kaffee- oder Alkoholgenuss die Wirkung der Salze?

Nein. Aber die Salze helfen dabei, diese Genussstoffe leichter abzubauen, weil sie den Stoffwechsel optimieren können.

Info Sehr wirkungsvoll ist auch die Einnahme der Schüßler-Salze, wenn man sie, aufgelöst in einem Glas heißem Wasser, trinkt. Die Flüssigkeit wird ganz langsam Schluck für Schluck eingenommen.

Wodurch entsteht überhaupt ein Mineralstoffmangel?

Jeder Mensch besteht u. a. – wie auch unser Planet – aus Mineralien. Wenn irgendwo in den Zellen des Organismus ein Mangel an Mineralien auftritt, entstehen Krankheiten. Dies hat Schüßler vor über 150 Jahren nachgewiesen. Mineralstoffmängel entstehen durch defekte Zellen, Infektionen, Zellblockaden, Gifte aus Umwelt und Nahrungsmitteln usw. – es gibt zahlreiche Gründe. Die einzelnen Konstitutionstypen weisen außerdem individuelle Mängel auf.

Weshalb reichen die Mineralstoffe, die wir durch Nahrung und Getränke aufnehmen, nicht aus?

Die in Molekülen gebundenen Mineralien (Mineralsalze), wie sie in Nahrungsmitteln vorliegen, sind nicht in der Lage, unsere Zellwände zu durchdringen – deshalb gelangen diese Mineralstoffe nicht gezielt dorthin, wo sie eigentlich gebraucht werden, nämlich in die geschädigte Zelle. Und aus dem allgemeinen Stoffwechsel kann die Zelle wegen ihrer Vorschädigung nicht mehr ausreichend versorgt werden. Schüßler hat die Mineralsalze genialerweise verdünnt (potenziert). Daher können seine Salze in die Körperzellen gelangen und deren Bedarf optimal ergänzen.

Heißt das, dass wir trotz mineralstoffreicher Kost bei Zellschäden nicht ausreichend versorgt sind?

Ja. Man stelle sich vor, ein ganzer Schwarm Wespen, so groß wie ein menschlicher Kopf, würde auf ein gerade begonnenes tischtennisballgroßes Wespennest zufliegen, um in die nur maximal erbsengroße Öffnung zu gelangen: Sie würden sich gegenseitig blockieren. Nicht eine einzige Wespe würde hineingelangen. Im menschlichen Zellstoffwechsel, wo es um mikroskopisch kleine Bestandteile geht, ist die Blockade der Mineralstoffe aus der Nahrung vor der »Zellenpforte« geradezu unüberwindbar.

Wie schaffen es Schüßler-Salze, in die blockierten Zellen zu gelangen?

Die Methode Schüßlers führt den betreffenden Mineralstoff in einer Konzentration zu, die sich an der Zellphysiologie orientiert. In dieser hoch verdünnten Form können die Zellen die angebotenen Mineralstoffe aufnehmen, Mangelzustände werden nach und nach behoben.

Gibt es eine Überdosierung bei Schüßler-Salzen?

Nein, davon ist nichts bekannt.

Enthalten Schüßler-Salze Laktose?

Gewöhnlich ja. Einige Hersteller bieten die Salze aber auch in flüssiger, laktosefreier Form als Tropfen an, die dieselbe Wirksamkeit haben. Außerdem kann man bei einer Laktoseintoleranz den Bodensatz der aufgelösten Salze beim Trinken im Glas zurücklassen. Oder: die Salze etwa fünf Minuten im Mund einwirken lassen. In dieser Zeit sind die Mineralien in die Blutbahn gelangt. Den im Mund verbleibenden Milchzucker können Sie ausspucken. Außerdem gibt es Schüßler-Salze inzwischen in verschiedenen Darreichungsformen, u. a. in Alkohol gelöst, also ohne Milchzucker. Ihre Apotheke hat die Übersicht über die unterschiedlichen Produkte und kann Ihnen unter Tabletten, Globuli oder Tropfen diejenige Darreichungsform heraussuchen, die für Sie am verträglichsten ist. Zur Dosierung gilt folgende Faustregel: 1 Tablette = 10 Tropfen = 10 Globuli.

Kann man Schüßler-Salze vorbeugend einnehmen?

Ja, nehmen Sie die Ihrem Typ entsprechenden Salze in der Normaldosierung ein. Sie liegt bei 3-mal täglich 2 bis 3 Tabletten.

Was ist bei »Schüßler-Cocktails« zu beachten?

Von allen empfohlenen Salzen werden 2 bis 3 Tabletten in 1 Glas heißem Wasser aufgelöst. Zum Umrühren wird ein Holzspatel oder ein Porzellanlöffel empfohlen, kein Löffel aus Metall, da nicht auszuschließen ist, dass dadurch chemische Vorgänge ausgelöst werden, die zu einer Veränderung der Wirkstoffe führen.

Wie lange sollte man Schüßler-Salze einnehmen?

Dazu sind Angaben auf den Typbögen zu finden (Seite 18ff., 22ff., 26ff., 30ff., 34ff.). Außerdem gilt: nach Abklingen der Beschwerden die Einnahme noch zwei bis drei Wochen fortsetzen, um einen nachhaltigen Behandlungserfolg sicherzustellen.

5-Elemente-Ernährung – Fragen & Antworten

Was sind die fünf Elemente?

Die Traditionelle Chinesische Medizin (TCM) hat seit jeher die Menschen nach Typen unterschieden und niemals alle auf die gleiche Art und Weise ernährt. Es wurden und werden diejenigen Lebensmittel für jeden einzelnen Typ ausgewählt, die für ihn am besten geeignet sind, um ihn gesund und fit zu erhalten (siehe Seite 20f., 24, 29, 32 und 36). Für die fünf Elemente stehen im Chinesischen die Bezeichnungen Jin, Mu, Shui, Huo und Tu. Ins Deutsche übersetzt heißen sie Holz, Feuer, Erde, Metall und Wasser. Die fünf Elemente stehen für die fünf Geschmacksrichtungen (süß, bitter, scharf, neutral und salzig), die vier Jahreszeiten und die kosmische Mitte der Menschen – unsere Erde.

Ist die 5-Elemente-Ernährung eine Diät?

Nein. Es ist eine in Jahrtausenden entwickelte Ernährungserfahrung, die u. a. jahreszeitliche Bedürfnisse und die thermischen Eigenschaften der Lebensmittel – also heiß, warm, neutral, kühl und kalt – berück-

Info Schüßler befasste sich mit der Zellgesundheit, nicht mit der Zubereitung von Speisen und deren Wirkung auf die Gesundheit. Für dieses Buch wurde die 5-Elemente-Ernährung ausgewählt, die sich auf harmonische Weise mit den typologischen Erkenntnissen von Schüßler verknüpfen lässt.

sichtigt, die einen großen Einfluss auf Gesundheit und Wohlbefinden haben. Alle Rezepte in diesem Buch enthalten Angaben zu den jeweiligen thermischen Eigenschaften der Gerichte. Es wird stets eine harmonische, neutrale Wirkung angestrebt, um sie so gut verträglich zu machen wie möglich.

Ist die 5-Elemente-Ernährung eine Gesundheitsküche?

Ja. Sie ist es insofern, als in der TCM Nahrungsmittel als »Medizin« eingesetzt werden. Für den jeweiligen Typ, für das »Element«, dem jemand zugehörig ist, werden Nahrungsmittel und deren gesundheitliche Wirkungen gezielt eingesetzt.

Kann man mit der 5-Elemente-Ernährung abnehmen?

Ja, vor allem in Verbindung mit den Schüßler-Salzen (siehe dazu die jeweiligen Typbögen, Seite 18ff., 22ff., 26ff., 30ff. und 34ff.).
▶ Hans Wagner: Typgerecht abnehmen mit Schüßler-Salzen. Einzigartig kombiniert mit der chinesischen 5-Elemente-Ernährung. Südwest Verlag. München 2007. Dieses Buch ist über den Online-Buchhandel beziehbar.

Wie lauten die wichtigsten Erkenntnisse der 5-Elemente-Ernährung?

Das Motto lautet: »Versuche herauszufinden, wer du bist, welche Bedürfnisse dein Körper hat, und ernähre dich dieser Bestimmung gemäß.« Holz, Feuer, Erde, Metall und Wasser – das sind die

fünf Elemente, die nach der chinesischen Ernährungslehre der Traditionellen Chinesischen Medizin die fünf Grundgeschmacksrichtungen symbolisieren und nach denen alle Lebensmittel eingeteilt werden. Ziel dieser traditionellen Ernährungsweise ist die Harmonie von Yin und Yang und damit Gesundheit für den ganzen Körper.

Bei jeder Mahlzeit sollten immer alle Geschmacksrichtungen von süß bis bitter, von scharf über neutral bis salzig vertreten sein. Nur dann ist unser

Die 5-Elemente-Ernährung bedeutet: Gesund is(s)t, was zum jeweiligen Typ passt. Wer sich dementsprechend ernährt, hat gut lachen.

Körper befriedigt, rundum gut versorgt und fühlt sich satt und wohl. Die Rezepte in diesem Buch sind allesamt so kreiert, dass sie diesem Ideal so nahe wie möglich kommen.

Welche Nahrungsmittel haben welche thermischen Eigenschaften?

Heiße Nahrungsmittel (Auswahl)

Getränke Fencheltee, hochprozentige alkoholische Getränke, Yogitee

Fleisch Gegrilltes Fleisch, Hammel, Hirsch, Lamm, Ziege

Würzmittel Bockshornklee, Cayennepfeffer, Chili, Currypulver, getrockneter Ingwer, Knoblauch, Piment, Rosmarin, schwarzer Pfeffer, Senf, Sternanis, Zimtrinde

Info **Die 5-Elemente-Ernährung der Traditionellen Chinesischen Medizin ist keine vegetarische Küche, sondern eine Vollwertküche, in der alle Nahrungsmittel ihren Platz haben, von Fleisch und Gemüse über Eier und Milchprodukte bis hin zu Fisch.**

Warme Nahrungsmittel (Auswahl)

Getreide Amaranth, Buchweizen, Dinkel, Hafer, Kasha, Langkornreis, süßer Reis

Gemüse/Hülsenfrüchte Fenchel, Frühlingszwiebel, Lauch, Meerrettich, Pastinake, Petersilienwurzel, Rosenkohl, schwarze Bohne, Süßkartoffel, Zwiebel

Fleisch(-produkte) Fasan, Fleischbrühe, Hähnchen, Hühnerleber, Lammniere, Rebhuhn, Schinken, Truthahn

Fisch und Meeresfrüchte Aal, Forelle, Hummer, Kabeljau, Krebs, Sardelle, Scholle

Würzmittel Anis, Bärlauch, Basilikum, Beifuß, Bohnenkraut, Dill, Essig, Fenchelsamen, frischer Ingwer, Gewürznelke, Kardamom, Kerbel, Kreuzkümmel, Kümmel, Kurkuma, Liebstöckel, Lorbeer, Muskatnuss, Oregano, Paprikapulver, Petersilie, Salbei, Schnittlauch, Thymian, Vanille, Wacholderbeere, Zimt, Zucker (braun)

Obst Aprikose, Dattel, Granatapfel, Himbeere, Pfirsich, Quitte, Rosine, Süßkirsche

Samen und Nüsse Kokosnuss, Leinsamen, Marone (Esskastanie), Pinienkern, Walnuss

Öle Kürbiskernöl, Rapsöl, Sojaöl, Walnussöl

Milch(-produkte) Harzer Käse, Parmesan, Schafskäse, Schafsmilch, Schimmelkäse, Ziegenkäse, Ziegenmilch

Neutrale Nahrungsmittel (Auswahl)

Getreide Basmatireis, Buchweizen, Dinkel, Gerste, Grünkern, Mais, Roggen, Rundkornreis

Gemüse Blaukraut, grüne und dicke Bohne, grüne Erbse, Kartoffel, Kohlrabi, Möhre, Radicchio, Rote Bete, Rübchen, Shiitakepilz, Tobinambur, Weißkraut, Wirsing, Yamswurzel

Hülsenfrüchte Azukibohne, gelbe/schwarze Sojabohne, Linse, weiße Bohne

Fleisch Gans, Huhn (auch Eier), Rind, Rinderleber, Schwein, Schweineniere, Taube, Wachtel

Fisch und Meeresfrüchte Barsch, Hai, Hering, Karpfen, Lachs, Makrele, Meeräsche, Sardine, Thunfisch

Würzmittel Brennnessel, Estragon, Koriander, Majoran, Melisse, Safran, Zucker (weiß)

Info Schüßler-Salze und die 5-Elemente-Ernährung der TCM sind die ideale, typgerechte Selbstverwirklichung auf dem Teller!

Obst Feige, Litschi, Papaya, Pflaume, Weintraube, Zwetschge

Fette und Öle Butter, Erdnussöl, Olivenöl

Milch(-produkte) Butter, Kuhmilch, -käse, Sahne

Kühle Lebensmittel (Auswahl)

Getreide Gerste, Hirse, Weizen

Gemüse und Pilze Artischocke, Aubergine, Avocado, Brokkoli, Blumenkohl, Champignon, Chicorée, Chinakohl, Eisbergsalat, Endiviensalat, Feldsalat, Gurke, Kopfsalat, Löwenzahn, Mangold, Olive, Paprikaschote, Radieschen, Rettich, Rucola, Sauerkraut, Schwarzwurzel, Sellerie, Spinat, Stangensellerie, Tomate, Zucchini

Hülsenfrüchte Kichererbse, Mungbohne

Fleisch Ente, Hase, Kaninchen, Schweinespeck

Fisch und Meeresfrüchte Auster, Rotbarsch, Schellfisch, Seelachs

Würzmittel Borretsch, Brunnenkresse, Gartenkresse, Hefe, Löwenzahn

Obst Ananas, Apfel, Birne, Brombeere, Erdbeere, Grapefruit, Heidelbeere, Holunderbeere, Honigmelone, Johannisbeere, Mandarine, Mango, Orange, Sauerkirsche, Stachelbeere, Zitrone

Fette und Öle Distelöl, Leinsamenöl, Maisöl, Schweineschmalz, Sesamöl, Sonnenblumenöl, Weizenkeimöl

Milch(-produkte) Buttermilch, Dickmilch, Frischkäse, Quark, Sauerrahm, Sojamilch

Kalte Lebensmittel (Auswahl)

Gemüse Rhabarber, Spargel

Fisch und Meeresfrüchte Algen, Krabben, Tintenfisch

Würzmittel Agar-Agar, Salz

Obst Banane, Kiwi, Wassermelone

Milchprodukte Joghurt, Kefir

Rezeptregister

Herbst & Winter

Redaktionsleitung Susanne Kirstein

Projektleitung Dr. Margit Roth

Layout, DTP, Gesamtproducing
Grafikdesign Hansen –
Jan-Dirk Hansen, München

Redaktion
Text & Form –
Nicola von Otto, München

Korrektorat Susanne Langer

Rezeptfotos und Styling
Janne Peters Fotografie, Hamburg

Food-Styling
Roland Geiselmann, Hamburg

Bildredaktion
Melanie Greier, Sabine Kestler

Umschlaggestaltung
und -konzeption
*zeichenpool, Milena Djuranovic,
München

Litho Artilitho snc, Lavis (Trento)

Druck und Verarbeitung
Neografia, Martin

Printed in Slovakia

Über den Autor

Hans Wagner hat biologische Landwirtschaft studiert, eine journalistische Ausbildung absolviert und war Ressortchef in großen deutschen Blättern. Seit über 20 Jahren schreibt er über medizinische Themen. Mehr von Hans Wagner finden Sie in seinem Internet-Gesundheitsmagazin MEDIZIN-WELT unter www.medizin-welt. info und unter www.starkes-leben.de. Seine Schwerpunkte sind die Wiederentdeckung traditioneller Heilmethoden und bewährter Hausmittel. Im Südwest und Ludwig Verlag sind u. a. von ihm erschienen: »Wein – Heilkraft der Natur«, »Sanfte Hilfe durch Wickel & Umschläge«, »Natürlich heilen mit Schwarzkümmel«, »Kirschkernsäckchen & Co.«, »Natürlich heilen mit Zink«, »Hausapotheke heilende Öle«, »Natürlich heilen mit Schüßler-Salzen«, »Gesund mit Schüßler-Salzen – Schüßler-Salze typgerecht eingesetzt bei Erwachsenen und Kindern«, »Schüßler-Salze – die Selbstheilungskräfte aktivieren«, »Typgerecht abnehmen mit Schüßler-Salzen. Einzigartig kombiniert mit der chinesischen 5-Elemente-Ernährung«.

Hinweis

Die Ratschläge/Informationen in diesem Buch sind vom Autor und Verlag sorgfältig erwogen und geprüft, dennoch kann eine Garantie nicht übernommen werden. Eine Haftung des Autors bzw. des Verlags und seiner Beauftragten für Personen-, Sach- und Vermögensschäden ist ausgeschlossen.

Impressum

1. Auflage
© 2013 by Südwest Verlag, einem Unternehmen der Verlagsgruppe Random House GmbH, 81637 München.

Bildnachweis

Rezeptfotos und Styling (Cover und Innenteil):
Janne Peters Fotografie, Hamburg
Food-Styling: Roland Geiselmann, Hamburg
Weitere Fotos: gettyimages, München: 20 (Oxana Afanasyeva), 24 (orange&chocolate), 33 (IMAGEMORE Co., Ltd.), 36 (David Papazian); Jump, Hamburg: 2 (Kristiane Vey); plainpicture, Hamburg: 16/17 (Oliver Rossi); Südwest Verlag: 12, 19 (istockphoto/Shalamov/ RF), 15 (M. Tunger), 23 (creativ collection/RF), 27, 35 (photodisc/ RF), 28 (fotolia/zigzagmtart/RF), 31, 183 (I. Eitel), 40/41 (shutterstock/sarsmis/RF), 115 (getty/Jupiter/Bananastock/RF), 180/181 (fotolia/Kathrin39/RF)

MIX
Papier aus verantwortungsvollen Quellen
FSC® C020353
FSC
www.fsc.org

Verlagsgruppe Random House
FSC® N001967
Das für dieses Buch
verwendete FSC®-zertifizierte
Papier *Allegro halbmatt* wurde
produziert von Sappi Gratkorn.
ISBN 978-3-517-08942-3